Méthode de français

Belleville 2

Thierry Gallier
Odile Grand-Clément

CLE
INTERNATIONAL

www.cle-inter.com

Crédits photographiques

COUVERTURE : mg : © Christophe Ena/REA ; md : © Dazay/SIPA PRESS ; bg : © Michel Renaudeau/HOA-QUI ; bd : © Philippe Roy/HOA-QUI

p. 11 : © Franz-Marc Frei/CORBIS - p. 14 h : © Richard Damoret/Agence REA ; m : © Janine Niepce/RAPHO ; b : © Pepe Diniz/RAPHO - p. 16 : © Clea/Wallis - p. 22 : © Bertrand Bechard/ MaxPPP - p. 26 hg : © John Rizzo/AGE FOTOSTOCK/HOA QUI ; hmg : Dekiss ; hmd : © Jaue Gual/AGE FOTOSTOCK/HOA QUI ; hd : © Dekiss ; b : © Patrick Sheandell O'Carroll/6PA/MaxPPP - p. 29 : © CMO/CDM pour Éditions LA SIRÈNE, extrait de *Le Portable de A à Z* - p. 32 : *La Promesse de l'aube*, film de Jules Dassin, 1970 / Collection TCD - p. 35 : © R. Doisneau/RAPHO - p. 38 h : © F. Bouillot/Marco Polo ; m : © F. Bouillot/Marco Polo ; bd : © Stephane Cardinale/People Avenue/Corbis ; bg : © F. Bouillot/Marco Polo - p. 40 : © Mario Fourmy/Agence REA - p. 47 : © Sylvain Grandadam/HOA QUI - p. 50 : © avec l'aimable autorisation de MAX HAVELAAR France - p. 52 : © avec l'aimable autorisation des Restaurants du Cœur - p. 53 : © avec l'aimable autorisation de BNP PARIBAS communication - p. 56 : © Joel Saget-STF/AFP - p. 58 g : © Pierre Gleizes/GAMMA ; d : © Marc Deville/GAMMA - p. 62 h et b : © Photo 12.com-ARJ - p. 63 hd et hg : © Manfred Mehlig/Getty Images ; b : © Kaz Mori/Getty Images - p. 68 : © Niklaus Troxler/ADAGP et FETE DE LA MUSIQUE - p. 74 h : *Etre et avoir*, film de N. Phililbert/Collection TCD ; b : © Attar, avec l'aimable autorisation de ALTA LOMA FILMS - p. 76 : © avec l'aimable autorisation de KUONI, Agence VENISE - p. 77 : *La Gare Saint-Lazare*, © Claude Monet/ADAGP © Ph. Hervé Lewandowski/RMN - p. 83 : © Herald Sund/Getty Images - p. 92 : © Liptnizki-Viollet/ ROGER-VIOLLET - p. 94 : © Stephane Klein/CORBIS SYGMA - p. 95 : © avec l'aimable autorisation de VULCANIA - p. 98 : © Martin Bureau-PIG/AFP - p. 100 g : © Nathalie Pasquels/SCOPE ; hd : © Franck Lechenet/SCOPE ; bd : © Jacques Guillard/SCOPE - p. 104 : © P. Victor/MAXPPP - p. 106 : © Eric Feferberg-STF/AFP - p. 107 : © avec l'aimable autorisation du CANARD ENCHAINÉ - p. 110 : © Nicolas Gouhier/VANDYSTADT - p. 112 : *L'Auberge espagnole*, film de Cédric Klapisch, © Jérôme Plon, avec l'aimable autorisation de Ce qui me meut.

Direction éditoriale : Michèle Grandmangin.

Édition : Christine Grall.

Conception graphique et couverture : Anne-Danielle Naname.

Mise en pages : Véronique Sommeilly/S puissance 3.

Illustrations : Benoît du Peloux, Claude-Henri Saunier.

Cartographie : Graffito.

Recherche iconographique : X Y Zèbre.

Photogravure : C.G.I.

Avant-propos

Son public

Belleville 2 s'adresse à des jeunes de **15/18 ans** en 2e année d'apprentissage du français. La méthode, spécialement conçue pour cette tranche d'âge, s'adapte tout particulièrement au **milieu scolaire** (lycée) mais elle convient aussi aux écoles de langues.

Son originalité

Belleville permet d'acquérir rapidement **une compétence de communication** dans les situations de la vie courante.

Des lieux, des personnages, des histoires :
Dans *Belleville 2*, on raconte des histoires... Les trois histoires (une par module) se déroulent dans le sud de la France, ensuite à l'étranger, puis à Paris.
Les personnages de *Belleville 2* sont, pour la plupart, de jeunes lycéens. Mais on découvre aussi d'autres personnages, d'âge et de condition sociale différents. Celui de Maxime, par exemple, animateur vedette de télévision, ou encore Béatrice, qui s'occupe activement de projets humanitaires.

Des thèmes particulièrement adaptés au public visé : milieu associatif, télévision, écologie, nouvelles technologies...

Simplicité d'utilisation : grâce au découpage des leçons en doubles pages et à l'organisation linéaire et progressive à l'intérieur des doubles pages, le manuel est très simple à utiliser.

Activités courtes privilégiant la variété : chaque activité comporte un nombre restreint d'items. Cela permet ainsi de changer fréquemment d'activité et de les varier.

Ses caractéristiques

Belleville 2 suit les propositions du **Conseil de l'Europe** pour l'enseignement et l'apprentissage des langues vivantes et permet aux apprenants d'atteindre le niveau **A2** du **Cadre européen commun de référence** (Strasbourg, 1998). Parallèlement, la méthode prépare les élèves aux épreuves **A2 du Delf**.
Belleville 2 couvre **90 heures** d'enseignement réparties en **3 modules de 30 heures** comprenant chacun **5 leçons**.

Organisation d'un module :
Contrat d'apprentissage : le module s'ouvre sur une page de présentation sur laquelle figurent des objectifs d'enseignement visant ainsi à impliquer l'apprenant(e) dans son apprentissage.
- Cinq leçons par module. Une leçon comporte :
  - **une double page d'oral :** elle s'ouvre sur une illustration éveillant l'intérêt de l'apprenant(e) sur ce qu'il va entendre, suivie d'un court dialogue enregistré, qui présente en situation les points de grammaire et les objectifs communicatifs de la leçon, et de questions de compréhension ;
  - **une double page d'écrit :** elle s'ouvre sur un document «authentique» (brochure, article de presse...) ou littéraire ;
  - **une page de civilisation** pour introduire des éléments socioculturels sur la France et les Français.
Chaque leçon est suivie d'une **page Delf • Cadre européen commun de référence.**
- Toutes les cinq leçons, c'est-à-dire à la fin de chaque module :
  - trois pages de **Synthèse** qui reprennent les points de grammaires étudiés dans les leçons ;
  - une page **Évaluation** pour vérifier les connaissances des apprenants ;
  - une page **Projet** pour que les apprenants agissent pour construire ensemble.

Organisation d'une leçon :
L'apprentissage se fait par différentes activités :
Manières de dire : choix d'actes de paroles se rapportant au thème traité.
Vocabulaire : «réservoir» de vocabulaire sur un thème donné.
Pratiquez : phase active au cours de laquelle l'apprenant(e) va construire des hypothèses, comprendre le vocabulaire et le fonctionnement des structures grammaticales grâce à des tâches guidées, structurées, variées et courtes.
Grammaire : tableaux des structures découvertes puis formalisées, et exercices de réemploi.
Prononcez : entraînement à la phonétique, à l'intonation, à la phonie/graphie.
Communiquez est le point d'aboutissement. C'est l'utilisation des acquis de la leçon dans des situations de communication authentiques ou à travers des jeux de rôles.

À la fin de l'ouvrage :
- Une « **lecture** » propose une nouvelle **en 4 épisodes**, écrite spécialement pour *Belleville 2* et suivie d'activités ; elle pourra être lue par les apprenants en classe ou en dehors des cours.
- Un **portfolio**, les **transcriptions**, des **tableaux de conjugaisons**.

MODE D'EMPLOI

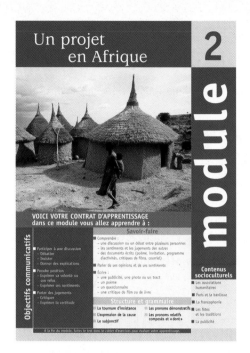

OUVERTURE DE MODULE

Les objectifs sont clairement énoncés en début de module. L'apprenant(e) est ainsi impliqué(e) dans son apprentissage.

LA DOUBLE PAGE D'ORAL D'UNE LEÇON

DÉCOUVREZ

Phase d'observation, de questionnement et de mise en place d'hypothèses.

GRAMMAIRE

Des explications courtes et simples suivies d'exemples.

VOCABULAIRE

Listes ordonnées de mots liés à un thème précis. Une activité, parfois enregistrée, facilite l'assimilation du lexique.

COMMUNIQUEZ

Communiquez est le point d'aboutissement de la leçon. C'est l'utilisation des acquis.

MANIÈRES DE DIRE

Expressions utiles liées à un acte de communication spécifique, accompagnées parfois d'une activité.

PRONONCEZ

Entraînement à la phonétique, à l'intonation et à la phonie/graphie.

CIVILISATION

Des documents pour découvrir et mieux comprendre la culture française à travers photos, illustrations et cartes accompagnées d'activités.

LA DOUBLE PAGE D'ÉCRIT D'UNE LEÇON

DÉCOUVREZ
Observation d'une illustration, découverte d'un document écrit.

PRATIQUEZ
Activités de compréhension et de réemploi à l'écrit des éléments nouveaux.

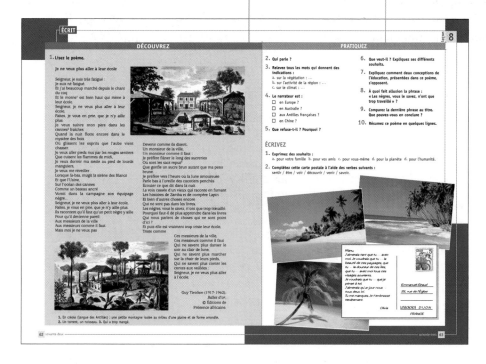

ÉVALUATION
Vérification des connaissances.

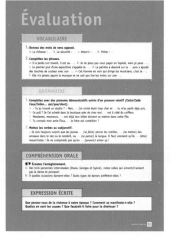

SYNTHÈSE
Reprise des éléments de grammaire, sous forme de tableaux d'apprentissage et d'exercices.

PROJET
Pour mettre en commun, pour agir, interagir et créer ensemble.

PORTFOLIO
Un dossier personnel pour accompagner l'apprenant(e) tout au long de son apprentissage.

DELF • CADRE EUROPÉEN DE RÉFÉRENCE
Pour vérifier le niveau des compétences et pour préparer le Delf, unité A2.

Tableau des contenus

Présentation des personnages

Olivier

M. et Mme
Ledray

Cécile

Sam

Rémi

Béatrice

Nicolas

Christine

Mme Dioula

Martine Colin

Maxime

CARTE DE FRANCE

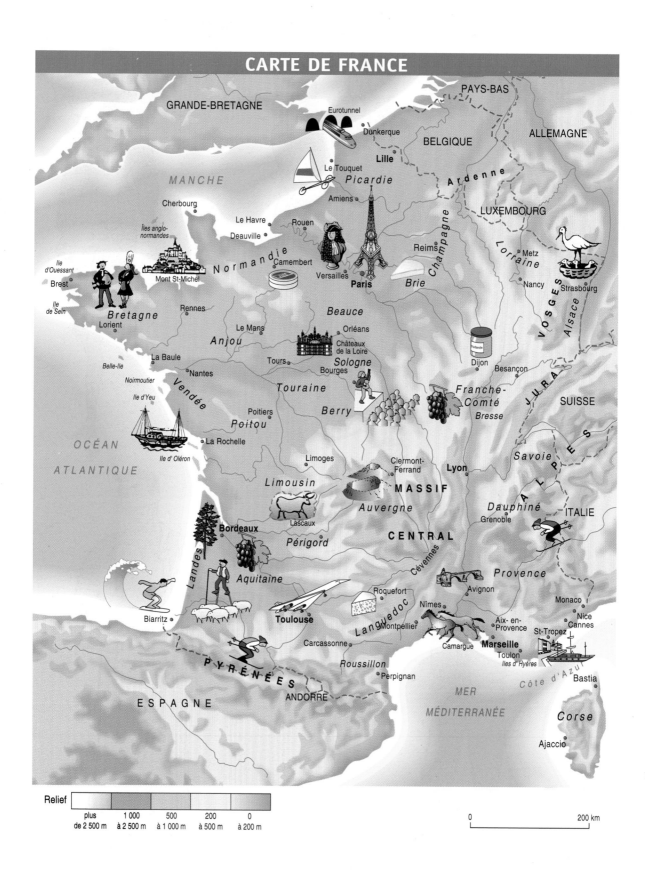

Relief

| plus de 2 500 m | 1 000 à 2 500 m | 500 à 1 000 m | 200 à 500 m | 0 à 200 m |

0   200 km

De Toulouse à Paris

VOICI VOTRE CONTRAT D'APPRENTISSAGE
dans ce module vous allez apprendre à :

Objectifs communicatifs

- Parler de soi et des autres
  - Décrire son caractère
  - Décrire le caractère d'une autre personne

- Parler du passé
  - Raconter des événements ou des anecdotes passés
  - Situer des faits dans le temps
  - Rapporter les paroles de quelqu'un

- Parler de ses intentions
  - Formuler une demande
  - Permettre ou interdire
  - Se plaindre ou exprimer sa déception
  - Faire des comparaisons
  - Prendre une résolution ou une décision

Savoir-faire

- Comprendre :
  - la description des événements de la vie d'une personne
  - la description du caractère d'une personne
  - un récit au passé
  - des indications données sur le temps (présent, passé, futur)
  - des documents écrits (brochure, article de journal, extrait de roman, mode d'emploi, sondage)

- Parler :
  - de soi, des autres
  - du passé

- Écrire :
  - Raconter des événements de sa vie personnelle, de la vie d'une autre personne
  - Raconter des événements historiques
  - Rédiger une lettre de demande, une pétition, un texte publicitaire

Structure et grammaire

- Les adjectifs
- Les temps du passé
- Les expressions de temps
- Les pronoms relatifs
- Le discours indirect
- Les pronoms personnels
- Le futur simple
- Les comparatifs

Contenus socioculturels

- L'histoire d'une ville
- La famille
- Les nouvelles technologies
- La santé
- Les transports

À la fin du module, faites le test dans le cahier d'exercices pour évaluer votre apprentissage.

leçon

1 Un cousin inconnu

DÉCOUVREZ

1. Observez le dessin.

2. 👁👁 Écoutez le dialogue.

À Toulouse, deux copains se rencontrent à l'entrée du lycée.

OLIVIER : Salut, Nicolas !

NICOLAS : Salut, Olivier, ça va ? Dis, tu as regardé la nouvelle émission de télé qui passe sur la 6 ?

OLIVIER : Oui, j'ai bien aimé. Il y avait des jeunes qui posaient des questions à des personnalités.

NICOLAS : Tu n'as pas remarqué le nom de l'animateur ? Maxime Ledray. On est cousins.

OLIVIER : Tu as un cousin qui fait de la télé à Paris ! Je ne savais pas...

NICOLAS : Moi non plus. Tu sais, on n'est pas très proches. Mais, j'ai eu une idée.

Maxime, c'est quelqu'un que j'ai envie de rencontrer. Je veux devenir journaliste et il peut m'aider. Mais comment le contacter ?

OLIVIER : C'est vrai qu'il a l'air sympa. Il est naturel, souriant... Si tu veux le voir, tu peux t'inscrire pour participer à l'émission. Et ensuite, tu te débrouilles pour lui parler. Têtu comme tu es, je suis sûr que tu vas y arriver.

NICOLAS : Toi, tu mérites une carte postale de Paris !

OLIVIER : C'est trop gentil...

3. Répondez aux questions.

a. Nicolas et Maxime sont frères ?

b. Maxime travaille dans un journal à Paris ?

c. Qui Nicolas rêve-t-il de rencontrer ?

d. Selon Olivier, quelles sont les qualités de Maxime ?

VOCABULAIRE

pour parler du caractère

gentil(le) • sympa(thique) • souriant(e) • décontracté(e) • joyeux(-se) • amusant(e) • drôle • marrant(e) *(familier)* • optimiste • travailleur(-se) • courageux(-se) • intelligent(e) • malin (maligne) • débrouillard(e) *(familier)* • poli(e) • bien élevé(e) • curieux(-se) • généreux(-se) • patient(e) • bien dans sa peau.

méchant(e) • triste • ennuyeux(-se) • paresseux(-se) • bête *(familier)* • idiot(e) • impoli(e) • mal élevé(e) • radin(e) *(familier)* • timide • renfermé(e) • hypocrite • têtu(e) • mal dans sa peau • pessimiste • égoïste • menteur(-se) • bavard(e) • jaloux(-se).

GRAMMAIRE

■ L'imparfait

■ l'**habitude**, la répétition :
À Paris, je prenais tous les jours le bus.

■ une **description dans le passé** : *Il faisait beau.*

■ une **action non datée et achevée** :
Avant, je fumais.

■ une **action en cours** :
Je dormais quand le téléphone a sonné.

■ Le passé composé

■ une **action délimitée dans le temps** :
J'ai habité deux ans à Paris.

■ une **succession d'actions** : *Ce matin, je me suis levé, j'ai pris un café et je suis parti au travail.*

■ une **action qui a une répercussion sur le présent** : *Je me suis trompé.*

1. Transformez comme dans le modèle : «Il déjeune à la cantine ou chez lui ?» → «Avant, il déjeunait à la cantine, mais hier, il a déjeuné chez lui.»
   a. Tu prends du thé ou du café ?
   b. Elle met une robe ou un pantalon ?
   c. Ils se disent «vous» ou «tu» ?
   d. Vous avez mal aux jambes ou aux pieds ?
   e. Ils rentrent tôt ou tard ?

2. Racontez l'itinéraire de Maxime Ledray au passé.
Maxime (naître) Bretagne – (faire) études – (aller) Paris pour stage dans journal sportif – son chef (remarquer) ses qualités : vif et curieux – Maxime (réussir) ses reportages – un magazine pour jeunes (chercher) journaliste – un entretien – on le (choisir) – il (rester) deux ans – il (apprendre) chaîne de télévision (souhaiter) démarrer émission – Maxime (proposer) ses services – (devoir) prouver ses compétences – producteur (faire) confiance et il (avoir) raison, «Maxime au maximum» est un succès !

1. Dans les deux listes, trouvez des synonymes et des contraires. Puis travaillez à deux. Pour décrire votre caractère, faites des phrases comme : «Je trouve que je suis généreux.» Votre camarade répond : «Au contraire, tu es radin.»

2. Décrivez le caractère d'un(e) ami(e) (ses qualités, ses défauts). Et vous, quel est votre caractère ?

PRONONCEZ

◉◉ **Entendez-vous le présent, le passé composé ou l'imparfait ? Mettez une croix.**

	Présent	Passé composé	Imparfait
il nage	X		

COMMUNIQUEZ

1. Choisissez une personne célèbre, une actrice, un chanteur. etc. Sans dire son nom, racontez les principaux événements de sa vie. Vos camarades doivent deviner de qui il s'agit.

2. ◉◉ Dans l'émission que présente Maxime, les auditeurs peuvent appeler pour poser des questions. Écoutez la conversation enregistrée pendant l'émission. Ensuite, préparez des questions que vous aimeriez poser. Travaillez à plusieurs. Un de vos camarades joue le rôle de la personnalité qui répond à vos questions.

1. Lisez les trois textes suivants.

1 Bernard Loiseau

Ce très grand chef de la gastronomie française, qui n'avait aucun diplôme – seulement « un bac d'eau chaude et un bac d'eau froide », comme il le disait souvent – ne devait sa réussite qu'à une volonté exceptionnelle. Il aimait se comparer à Yves Saint Laurent parce qu'il faisait comme lui de la « Haute Couture »… ou plutôt de la « Haute Cuisine », dans son restaurant de Saulieu en Bourgogne qui, en 1991, avait reçu le suprême honneur : les trois étoiles du guide Michelin. Mais cet entrepreneur dynamique, sans doute trop perfectionniste, s'est finalement donné la mort le 21 avril 2003.

2 Françoise Giroud

Tour à tour script, journaliste, ministre de la Culture, écrivain, Françoise Giroud a été l'un des grands esprits féminins du XXe siècle. Cette forte personnalité, pleine d'énergie, à l'intelligence vive, a travaillé au magazine *Elle* et a fondé en 1953, avec Jean-Jacques Servan-Shreiber, le magazine d'actualités *L'Express*, qu'elle a dirigé jusqu'en 1974. Dans ses livres, elle a raconté ses expériences personnelles et professionnelles et sa passion pour son métier de journaliste.

3 Georges Simenon

Bon vivant, animé d'une force vitale hors du commun, Simenon appartenait à la race des travailleurs infatigables. Il a laissé une œuvre colossale : 212 romans. Beaucoup ont été adaptés au cinéma. Les enquêtes de son personnage principal, le fameux commissaire Maigret, constituent une véritable chronique de la vie à Paris, des années 1920 jusqu'au début des années 1970 – ce Paris où il a débarqué en 1922, à l'âge de 19 ans, de sa Belgique natale. Simenon est l'écrivain de langue française le plus productif, le plus traduit et le plus lu de sa génération.

PRATIQUEZ

2. Complétez le tableau ci-dessous :

	Bernard Loiseau	Françoise Giroud	Georges Simenon
Profession			
Traits de caractère			
Réalisation	Il a …	Elle a …	Il a …

3. Répondez aux questions :
a. Quel est le nom du magazine que Françoise Giroud a créé ? b. Quel diplôme avait Bernard Loiseau ? c. Quelle récompense a-t-il obtenue ? d. Quelle était la nationalité de Georges Simenon ? e. À quelle époque vivaient ces trois personnalités ?

4. Que s'est-il passé :
a. en 2003 ? b. de 1953 à 1974 ? c. en 1922 ?

5. Associez les expressions de même sens.
1. hors du commun   a. énergique
2. fameux   b. vrai
3. véritable   c. célèbre
4. colossal   d. exceptionnel
5. dynamique   e. énorme

6. Trouvez des adjectifs au masculin et au féminin pour décrire les traits de caractère communs à ces trois personnalités.

7. Choisissez une personne disparue que vous admirez et/ou qui a joué un rôle important dans votre vie, dans votre pays ou dans le monde.

Faites son portrait au passé.
– Décrivez son caractère.
– Expliquez quel rôle elle a joué.

GRAMMAIRE

■ **Qui, Que, Où, pronoms relatifs**

■ Le choix entre « qui » et « que » dépend du mot, ou du groupe de mots, placé juste avant :
Si le mot (personne ou objet) est <u>sujet</u> du verbe, on utilise « qui ».
Si le mot (personne ou objet) est complément, on utilise « que ».
L'émission **qui** *passe à la radio :*
<u>L'émission</u> passe à la radio.
Le journaliste **qui** *présente l'émission :*
<u>Le journaliste</u> présente l'émission.
La chaîne **que** *je préfère est France 5 :*
<u>Je</u> préfère la chaîne France 5.
Le chanteur **que** *nous adorons est italien :*
<u>Nous</u> adorons ce chanteur italien.

■ Devant une voyelle (a, e, i, o, u, y), « que » devient « qu' », mais « qui » reste toujours « qui ».
C'est une histoire **qui** *est vraie et* **qu'**on *m'a racontée l'autre jour.*

■ « Où » s'emploie non seulement pour le lieu, mais aussi pour le temps.
C'est la ville **où** *il est né.*
L'année **où** *il a eu les trois étoiles a été la plus belle de sa vie.*

Complétez avec « qui », « que », « qu' » ou « où ».

a. C'était un grand chef … cuisinait merveilleusement bien.

b. Son restaurant, … était en Bourgogne, avait une réputation internationale.

c. Le plat … on a choisi est une spécialité … date de l'époque des Romains !

d. C'est Fabrice … a entendu cela à la radio le jour … il y avait la grève.

e. L'émission … nous avons regardée parlait des étudiants … travaillent l'été.

f. Un magazine … paraît chaque semaine s'appelle un « hebdomadaire ».

g. Je suis allé dans une discothèque … est très « branchée » et … on peut danser toute la nuit.

h. La chaîne de télévision … passe beaucoup de films et … est payante est Canal +.

i. Quel est le dernier livre … tu as lu et le dernier film … tu as vu ?

j. Tu te rappelles l'année … nous sommes partis en Roumanie dans une voiture … tombait tout le temps en panne ?

1 | Lisez.

TOULOUSE,
la ville rose a connu
des heures noires...

Née au bord de la Garonne et au pied des Pyrénées, construite en briques roses, Toulouse a été peuplée successivement par les Celtes, les Gaulois, les Romains, les Wisigoths et les Francs. Au Moyen Âge, c'était le comte de Toulouse, et non le roi de France, qui contrôlait la ville. Progressivement, du IXᵉ au XIIIᵉ siècle, Toulouse a gagné son indépendance : des consuls, appelés «Capitouls», administraient la ville et conseillaient le comte. À cette époque prospérait la religion cathare venue d'Orient, que l'Église catholique considérait comme hérétique. Deux croisades, des années de répression et de féroces combats qui ont culminé avec le siège et l'incendie du château de Montségur, en 1244, ont mis fin à la religion cathare.

Après cette période tragique, Toulouse a retrouvé son rayonnement artistique et littéraire. La première société littéraire du monde, la «Compagnie du gai savoir», a été fondée en 1324 pour défendre la langue d'oc et faire connaître la poésie des troubadours.

Cette prospérité a été interrompue par la guerre de Cent Ans, les inondations, les famines et la peste. Mais à la fin du XVᵉ siècle, grâce à l'exploitation du pastel, une plante utilisée pour teindre les tissus en bleu, la ville a retrouvé une intense activité commerciale.

2 | Répondez aux questions.

1. Ce document est-il extrait d'une publicité ou d'un guide touristique ?
2. Où est située précisément Toulouse ?
3. Notez sur un axe du temps les événements qui ont marqué l'histoire de Toulouse.
4. Quelle religion a joué un grand rôle dans l'histoire de Toulouse ? Pourquoi ?
5. Expliquez ce qu'était la «Compagnie du gai savoir».
6. Expliquez le titre : «La ville rose a connu des heures noires».

MANIÈRES DE DIRE

Situer dans le temps

- **au** Moyen-Âge, **à la** Renaissance, **au** XVIIIᵉ siècle
- **dans les années** 1980, **en** 1840, **le** 4 avril 1530
- **au début du** XXᵉ siècle, **à la fin du** XVIᵉ siècle
- **à partir de** 1730, **jusqu'au** XIVᵉ siècle
- **de** 1900 **à** 1930, **du** XIVᵉ **au** XVIᵉ siècle
- **à** cette époque, **en** ce temps-là

ÉCRIVEZ ENSEMBLE

■ **Faites une enquête sur un monument historique de votre ville. Travaillez par deux.**

Quand a-t-il été construit ? Par qui ? Pourquoi ? Comment était la ville à cette époque ?

ÉCRIT

Lisez le texte suivant puis répondez aux questions.

Raymond, chauffeur de taxi

«Chez nous, on est chauffeur de taxi de père en fils. Mon père a 48 ans de métier, ma mère 10 ans et mon frère 15 ans. Moi, je voulais être pilote de ligne. Quand j'étais gosse, mon père m'a dit : «Commence par conduire une voiture.» Résultat : j'ai passé mon permis de conduire à 18 ans et je fais le taxi depuis 38 ans. Je n'avais peut-être pas toutes les qualités nécessaires pour être pilote. Il faut beaucoup de sang-froid, une très bonne santé, être très rigoureux… Jusqu'à maintenant, mon métier m'a quand même plu. J'ai pu rencontrer des acteurs, des écrivains, des chanteurs. Il m'est arrivé plein d'aventures. Avant, les particuliers louaient un taxi pour de grands trajets. J'ai accompagné un écrivain au Maroc, on est allés dans le désert, c'était fabuleux… Mais j'étais toujours dehors. Ça m'a coûté deux divorces. Quand je conduis des clients à l'aéroport, je vois les avions qui décollent et je pense aux pilotes, et puis je me dis que je suis plus tranquille dans mon taxi, même si ça peut être dangereux, quelquefois. J'ai souvent emmené mon fils voir les avions, mais maintenant il tient une épicerie. Au moins, il a fait ce qu'il a voulu…»

1. Vrai ou faux ?
- **a.** Le père de Raymond a 48 ans.
- **b.** Raymond est déjà allé jusqu'au Maroc avec son taxi.
- **c.** Il ne s'est jamais marié.
- **d.** Son fils est aussi chauffeur de taxi.

2. Trouvez dans le texte un synonyme pour les mots suivants :
- **a.** une profession : …
- **b.** extraordinaire : …

3. Répondez aux questions suivantes par écrit.
- **a.** Pourquoi Raymond est-il devenu chauffeur de taxi ? **b.** Qu'aime-t-il dans ce travail ? **c.** Quels sont ses bons souvenirs ? **d.** D'après lui, quels sont les mauvais côtés de sa profession ? **e.** Il pense qu'il faut avoir quelles qualités pour être pilote ? **f.** Quelles ont été les conséquences de son travail sur sa vie familiale ? **g.** A-t-il imposé une profession à son fils ? A-t-il essayé de l'influencer ?

ORAL

◉◉ Écoutez ces trois interviews puis répondez aux questions.

1. Quelle est la profession de chacune des personnes interrogées ?
Christelle : …
Katia : …
Serge : …

2. Quelles études a fait Christelle ?

3. Ces études l'ont-elles bien préparée à sa profession actuelle ?

4. Qu'apprécie-t-elle dans son travail ?

5. À quel âge Serge a-t-il arrêté ses études ?

6. Pourquoi ?

7. Quelle rencontre a été importante pour lui ?

8. Où habite Katia ?

9. Katia a-t-elle toujours vécu au même endroit ?

Le Bac d'abord !

DÉCOUVREZ

1. Observez le dessin.

2. Écoutez le dialogue.

NICOLAS : J'aime bien les émissions de Maxime.

LA MÈRE : Oui, ça fait une semaine que tu ne parles que de ça.

NICOLAS : Justement, j'aimerais m'inscrire pour participer à son émission.

LE PÈRE : Je ne comprends pas bien.

NICOLAS : En fait, je voudrais aller à Paris pendant les vacances de Pâques pour rencontrer Maxime.

LA MÈRE : Tu rêves ! Partir seul à Paris ?

LE PÈRE : Cette année, tu dois d'abord passer le bac. N'oublie pas, tu nous avais promis d'être sérieux...

NICOLAS : Mais avec lui, je peux apprendre plein de choses sur les médias, les problèmes de société...

LE PÈRE : La violence, la drogue, la prostitution...

NICOLAS : Mais non, vous ne comprenez rien ! Moi, je tourne en rond ici, j'en ai marre...

LE PÈRE : Il n'en est pas question ! Je t'interdis de partir à Paris pour l'instant.

NICOLAS : Alors, là, vraiment, vous me décevez ! Je ne m'attendais pas à ça de votre part...

LA MÈRE : Ton père a raison, Nicolas. Réfléchis... Bon, qui veut encore du gigot ?

3. Répondez aux questions

a. Pourquoi les parents de Nicolas refusent-ils de le laisser partir à Paris ? b. Pourquoi Nicolas a-t-il envie de quitter Toulouse ? c. A-t-il passé ses examens ?

d. Accord (notez « + ») ou désaccord (notez « - ») :
– « Tu rêves ! » (…) – « Ton père a raison. » (…)
– « J'en ai marre. » (…)

e. Accepter (notez « A ») ou refuser (notez « R ») :
– « Il n'en est pas question. » (…)
– « Je veux bien. » (…) – « Je t'interdis de faire ça. » (…) - « Entendu ! » (…)

VOCABULAIRE

la ville

le centre-ville • l'hôtel de ville/la mairie • le maire • la zone piétonne • la banlieue • le commissariat • les espaces verts • le quartier • la bibliothèque • l'arrondissement • l'office du tourisme • le conseil municipal • la commune • le stade • le jumelage.

1. **Complétez.**
a. À Paris, il y a vingt ….
b. Tu habites à Paris même ou en … ?
c. Mon frère travaille dans le … de l'Opéra.
d. Je vais chercher des livres à ….
e. Les voitures sont interdites dans ….
f. On va faire une déclaration de vol au ….
g. À la …, le … a réuni son ….
h. Il y a un … entre Paris et Rome.

2. **Votre ville est-elle jumelée avec une ou plusieurs villes dans le monde ? Si oui, lesquelles ? Quelles sont les conséquences de ce jumelage ?**

3. **Faites un plan de votre ville en indiquant les différents lieux publics.**

MANIÈRES DE DIRE

la déception

Je suis déçu(e). • C'est dommage ! • Je regrette… • Je m'attendais à autre chose. • Quelle déception !

Travaillez à deux : l'un pose une question pour savoir si l'autre est satisfait. Exemple : « Tu as réussi ton examen ? » L'autre répond en exprimant sa déception.

1. 👁👁 **Écoutez et indiquez si vous entendez le son « on » ou le son « onne ».**

	« on »	« onne »
C'est leur patron	X	
C'est leur patronne		X

2. 👁👁 **Répétez et dites le féminin.**
Il est parisien. → Elle est parisienne.

Le plus-que-parfait

■ Il indique qu'une action passée est antérieure à une autre. *Ils se sont mariés l'année dernière. Ils s'étaient rencontrés à l'université.*

■ On forme le plus-que-parfait avec le passé composé en mettant l'auxiliaire « être » ou « avoir » à l'imparfait. *Il a habité → il avait habité – nous sommes sortis → nous étions sortis – ils se sont levés → ils s'étaient levés.*

■ Observez la différence : *Quand je suis arrivé, ils avaient dîné* (je n'ai donc pas mangé avec eux). *Quand je suis arrivé, ils dînaient* (je les ai interrompus). *Quand je suis arrivé, nous avons dîné* (nous avons mangé ensemble).

Les expressions de temps s'utilisent pour :

■ indiquer à quel moment une action passée s'est produite :
*Ils se sont rencontrés **il y a** 2 ans.*

■ indiquer la durée d'une action passée, présente ou future :
J'ai habité à Paris pendant 10 ans.

■ indiquer la durée d'une action qui a commencé dans le passé et qui continue dans le présent :
*J'habite ici **depuis** 10 ans. – **Il y a** 10 ans que j'habite ici. – **Ça fait** 10 ans **que** j'habite ici.*

■ indiquer la durée nécessaire pour réaliser une action : *J'ai fait cet exercice **en** 5 minutes.*

1. **Mettez les verbes entre parenthèses au plus-que-parfait.**
a. Il a téléphoné parce qu'il *(oublier)* l'heure du rendez-vous. b. Il est parti à pied parce que son père *(prendre)* la voiture. c. Avant ce voyage l'année dernière, elle *(ne jamais quitter)* sa famille. d. Ils se sont arrêtés parce qu'ils *(se tromper)* de route.

1. **Répondez avec le plus-que-parfait. Exemple :** « Pourquoi tu es retourné chez toi ? » (oublié son portable) → « Parce que j'avais oublié mon portable. »

2. **Imaginez une explication à ces situations bizarres :** Hier, un homme est resté assis dans un arbre toute la journée. – On a vu une vendeuse en bikini dans un supermarché.

1. Observez le document suivant.

les Bureaux des temps

C'est quoi exactement ?

Savez-vous que vous pouvez assister à ces réunions d'échanges et de concertation organisées par vos élus dans votre quartier ?

Vous pouvez ainsi faire l'expérience d'une démocratie participative rassemblant les habitants d'une même ville, les responsables des services publics et privés.

Ensemble, imaginons des solutions pour mieux profiter de notre temps et faciliter votre vie quotidienne.

Qui est concerné ?

Non seulement tous ceux et celles qui vivent et travaillent à Villeneuve, mais nos amis touristes de passage.

Vous êtes seule, vous travaillez le soir et vous ne savez pas comment faire garder votre enfant ? Vous êtes âgée et vous aimeriez avoir de l'aide pour faire vos courses ? Vous habitez dans un quartier où il y a peu de transports en commun après 21h ?... Tous ensemble inventons un mode de vie solidaire. Groupons-nous pour résoudre nos problèmes.

Pourquoi ces Bureaux des temps ?

L'objectif est d'adapter votre ville à votre propre rythme, de vous proposer de nouveaux services utiles pour tous. C'est à vous de faire des suggestions dans tous les domaines (éducation, commerce, culture, transports, sécurité...).

Ensemble, nous créerons un lien social plus fort et améliorerons votre qualité de vie. Depuis plus de 10 ans, dans d'autres villes de France et d'Europe, des Bureaux des temps ont été mis en place avec succès.

Comment ça marche ?

Quartier par quartier, on étudie vos besoins et vos attentes.

Vos élus organisent des réunions publiques. Vous pouvez y participer. On met ensuite en commun toutes les demandes d'aménagement pour les satisfaire.

PRATIQUEZ

2. **Cochez la bonne réponse.**
Ce document est :
☐ une publicité pour un produit
☐ une brochure d'information
☐ une invitation

3. **Que représente le premier dessin ?**

4. **Lisez tout le document et donnez une définition précise des « Bureaux des temps ».**

5. **Vrai ou faux ?**
   a. Les « Bureaux des temps » sont seulement pour les personnes qui travaillent.
   b. Les « Bureaux des temps » sont seulement pour les personnes sans emploi.
   c. Les « Bureaux des temps » sont seulement pour les personnes âgées.
   d. Les « Bureaux des temps » sont pour tout le monde.

e. Les « élus » sont des personnes choisies par le maire de la ville.
f. Les « élus » sont des personnes employées par la mairie.
g. Les « élus » sont des personnes pour qui on a voté.

6. **Relevez tous les mots qui évoquent une participation de plusieurs personnes.**

7. **Répondez.**
   a. Où sont situés les « Bureaux des temps » ?
   b. Existent-ils depuis longtemps ?

8. **Donnez deux exemples de problèmes qu'on peut résoudre par les « Bureaux des temps ».**

9. **Résumez les différentes étapes pour trouver la solution aux problèmes.**
D'abord, il faut … puis, …, enfin …

GRAMMAIRE

■ **Accord des participes passés**

Le participe passé s'accorde avec :
- ■ **le sujet** d'un verbe conjugué avec « être » : *Toute la famille s'est réunie dimanche. Mes cousines sont arrivées en retard.*
- ■ **le complément d'objet direct** d'un verbe conjugué avec « avoir », si ce complément est placé **avant le verbe** : *J'ai passé une merveilleuse journée avec vous. Merci de la magnifique journée que j'ai passée avec vous.*

1. **Faites l'accord des participes passés, si nécessaire.**
La femme qu'il a épousé… a été élu… conseillère municipale. Elle s'est beaucoup occupé… des bibliothèques du quartier. Ils s'étaient rencontré… dans un cocktail organisé par le maire et sont tombé… immédiatement amoureux.

2. **Complétez.**
   a. J'ai vu ce film … deux semaines. b. J'étudie le français … un an. c. J'ai commencé le français … un an. d. J'ai lu ce livre … cinq heures. e. Il ne m'a pas appelé … une semaine. f. Après l'accident, il n'a pas pu marcher … un mois.

MANIÈRES DE DIRE

se plaindre

- • C'est dommage de (ne pas) … (+ infinitif)
Je regrette de (ne pas) … (+ infinitif)
Ce n'est pas normal de… (+ infinitif)
- • C'est scandaleux / injuste / inadmissible / intolérable de… (+ infinitif)

faire une demande par écrit

- • J'aimerais… / Je voudrais… / J'ai envie de… (+ infinitif)
- • Il faudrait… / Peut-on… / Est-il possible de… (+ infinitif)
- • Ce serait bien si… (+ imparfait)

Vous écrivez au « Bureau des temps » de votre ville pour expliquer un de ces deux problèmes :
   a. Vous habitez loin du stade de football où vous allez le samedi. Il y a peu de bus ce jour-là.
   b. Vous aimeriez aller à la piscine de votre ville après 19 h.

– **Présentez-vous. Dites depuis quand vous habitez cette ville.**

– **Expliquez le motif de votre mécontentement.**

– **Exprimez votre plainte.**

1 | Lisez.

LE MARIAGE POUR LES GÉNÉRATIONS 2000

Le mariage revient à la mode. En 2000, 305 400 couples sont passés devant monsieur le maire alors qu'en 1994, ils n'étaient que 261 000.

Avant, le mariage représentait un rite social. De nos jours, il sert plutôt à confirmer une union déjà existante et il est l'occasion de faire une fête magnifique. C'est souvent la naissance du premier enfant qui incite les parents à se marier.

De plus, le mariage n'est plus la seule possibilité d'officialiser une vie à deux : le Pacte civil de solidarité (le Pacs) permet également, depuis 1999, à deux personnes majeures, quel que soit leur sexe, sans lien proche de parenté, de signer un contrat fixant les conditions de leur vie commune. Elles s'engagent ainsi à s'aider mutuellement, peuvent louer un appartement à leurs deux noms et payer leurs impôts en commun.

Par ailleurs, les futurs époux semblent toujours attachés à la cérémonie du mariage puisque 40 % d'entre eux veulent se marier à l'église même si cela ne correspond pas à leur conviction religieuse. Un simple passage à la mairie n'est pas suffisant : ils veulent une céré-monie mémorable. Certains vont jusqu'à créer leur propre rite, autour d'un dolmen, dans une forêt ou sous la mer.

Quant à la fête qui suit la cérémonie, l'idée se répand chez les trentenaires d'un mariage-spectacle, pour lequel rien n'est trop beau. Il faut à tout prix faire preuve d'originalité pour « réussir » le mariage. Certains utilisent même les services d'un maître de cérémonie pour régler l'organisation matérielle et concrétiser leurs rêves. L'un d'eux propose, à la place du traditionnel riz jeté à la sortie de l'église, un lâcher de papillons vivants.

Le contenu de la liste de mariage a aussi changé. Traditionnellement, cette liste de cadeaux était établie par les futurs époux et elle devait leur permettre de s'installer. Aujourd'hui, les jeunes ont déjà tout ce qu'il leur faut pour vivre puisque bien souvent ils vivent ensemble avant le mariage. Alors, ils se font offrir des antiquités, un tableau, un bateau ou encore un voyage.

2 | Répondez aux questions.

1. Le mariage est-il en voie de disparition ?
2. Quelle est la différence entre le mariage et le Pacs ?
3. Pourquoi les gens sont-ils encore très nombreux à se marier à l'église ?
4. Relevez dans le texte les rites de mariage présentés comme traditionnels et ceux qui, au contraire, sont plus modernes.
5. Décrivez un mariage dans votre région.
6. Avez-vous l'intention de vous marier un jour ? Comment envisagez-vous la cérémonie ?

DELF • cadre européen

Lisez le texte suivant puis répondez aux questions.

Les habitants du quartier sont en colère !

Certains enfants jouent au ballon dans la rue. À cause du bruit qu'ils font, il devient impossible d'ouvrir les fenêtres quand il fait beau. C'est inadmissible !

Nous sommes allés voir les parents pour nous plaindre, mais selon eux, la rue est à tout le monde et leurs enfants sont libres de jouer où ils veulent.

Pour retrouver notre tranquillité, nous devons porter plainte au commissariat.

Cette plainte ne sera suivie d'effets que si nous sommes nombreux à signer cette pétition pour que l'affaire passe devant un tribunal.

Notez votre nom, votre adresse et signez à côté. Faites signer vos voisins et renvoyez-nous le tout le plus rapidement possible. Il n'y a pas de temps à perdre. Il y a déjà trop longtemps qu'on nous empêche de vivre normalement.

1. **Répondez aux questions suivantes.**
   a. De quel type de document s'agit-il ? (publicité, lettre amicale, pétition, article...). **b.** Pourquoi les habitants sont-ils en colère ? **c.** À quelle période le bruit est-il particulièrement gênant ? **d.** Que pensez-vous de l'attitude des parents ? **e.** Imaginez d'autres circonstances où l'on peut porter plainte au commissariat.

2. **Vous décidez d'écrire une pétition. Expliquez-en le motif et l'objectif.**

1. 👀 **Écoutez les septs phrases enregistrées et cochez la bonne case.**

	a	b	c	d	e	f	g
Permission							
Interdiction							

Réécoutez et notez les mots qui expriment la permission ou l'interdiction.

2. 👀 **Écoutez les trois dialogues et complétez le tableau.**

	A	B	C
Lieu de la demande			
Objet de la demande			
Que doivent-ils remplir ?			

a. Dans le dialogue A, dans quel pays habite le destinataire du paquet ?

b. Dans le dialogue B, est-ce que la personne a pu perdre sa montre au cinéma ?

c. Dans le dialogue C, est-ce que la personne a beaucoup déménagé ?

3. Présentez-vous et dites depuis combien de temps vous habitez dans votre ville. Avez-vous déménagé ? Avez-vous changé d'établissement scolaire ?

4. Avez-vous visité d'autres villes ? Quand ? À quelles occasions ? Combien de temps y êtes-vous resté(e) ?

leçon

3 Patience !...

DÉCOUVREZ

1. Observez le dessin.

2. Écoutez le dialogue.

Nicolas et Olivier se retrouvent dans un café pour discuter.

OLIVIER : Alors, comment ça s'est passé avec tes parents ?

NICOLAS : Ils m'ont interdit d'aller à Paris. Ils m'ont dit que je devais d'abord passer mon bac.

OLIVIER : Je trouve qu'ils sont durs avec toi.

NICOLAS : Oui, c'est vrai. Mais j'ai quand même envoyé un e-mail à la chaîne de télé. Ils m'ont appelé hier sur mon portable. Ils m'ont demandé si j'étais prêt à venir à Paris. Je leur ai répondu que oui, bien sûr. Ils ont voulu savoir ce que je voulais demander à Maxime. J'ai dit que je voulais poser des questions sur le métier de journaliste.

OLIVIER : Tu as l'impression que ça les a intéressés ?

NICOLAS : Oui, je crois. Ils m'ont dit qu'ils allaient m'envoyer un courrier de confirmation.

OLIVIER : Bon, ça me paraît bien parti. Maintenant, tu n'as plus qu'à attendre.

NICOLAS : Oui, et c'est bien ça le plus dur…

3. Vrai ou faux ? Entourez les bonnes réponses.
a. Olivier trouve que les parents de Nicolas ont raison. b. La chaîne de télé a envoyé un e-mail à Nicolas. c. Nicolas attend la confirmation pour sa participation à l'émission.

4. Relisez le dialogue à partir de « Ils m'ont demandé » jusqu'à la fin du paragraphe. Transformez ces phrases en un dialogue entre Nicolas et une personne de la chaîne de télé. Jouez votre dialogue avec un camarade (vous pouvez ajouter des phrases). Observez la différence entre vos phrases et celles du dialogue.

MANIÈRES DE DIRE

exprimer son opinion

je pense que c'est bien • je crois/trouve que… • il me semble que… • j'ai l'impression que… • ça me paraît intéressant • ça me semble juste.

à mon avis • c'est mon point de vue • selon moi • d'après moi • pour moi • moi aussi • pas moi • moi non plus • moi, si.

je suis d'accord avec vous • vous avez raison • vous avez tort • c'est exact • c'est ça ! • exactement ! • absolument ! • tout à fait ! • pas du tout ! • c'est vrai • c'est faux • je suis pour • je suis contre • bof ! • aucune idée !

un argument • discuter • un débat.

Choisissez un sujet controversé :
* Etes-vous pour ou contre le Pacs ? le permis de conduire à 16 ans ? le salaire de certains joueurs de football ?...

* Notez quelques arguments. Lisez vos phrases avec une expression d'opinion différente.

GRAMMAIRE

Discours direct	Discours indirect au présent	Discours indirect au passé
« Je suis content de vous voir » (présent)	**Il** dit qu'**il** est content de **nous** voir.	<u>Il a dit</u> qu'il **était** content de nous voir. (imparfait)
« J'ai été contente de vous voir. » (passé composé)	**Elle** dit qu'**elle** a été contente de **nous** voir.	<u>Elle a dit</u> qu'elle **avait été** contente de nous voir. (plus-que-parfait)
« Nous allons être contents de vous voir. » (futur proche)	**Ils** disent qu'**ils** vont être contents de **nous** voir.	<u>Ils ont dit</u> qu'ils **allaient** être contents de nous voir. (« aller » à l'imparfait)
« Vous allez bien ? »	Il nous demande **si** nous allons bien.	Il nous a demandé **si** nous **allions** bien.
« Ferme la fenêtre ! »	Il me demande **de** fermer la fenêtre.	Il m'a demandé **de fermer** la fenêtre.
« Qu'est-ce que tu penses du nouveau prof ? »	Il me demande **ce que** je pense du nouveau prof.	Il m'a demandé **ce que** je **pensais** du nouveau prof.

■ Quelques verbes utilisés avec le discours indirect : *j'ai lu que, j'ai vu que, j'ai entendu que, j'ai appris que, j'ai entendu dire que, je ne savais pas que, il a déclaré que, il a affirmé que…*

◉◉ **Écoutez et transformez au présent, puis au passé : « Il est quatre heures. » → « Il dit qu'il est quatre heures. » ; « Il a dit qu'il était quatre heures. »**

PRONONCEZ

Le son [ij] peut s'écrire « ill » (famille).

1. ◉◉ **Faites une croix pour indiquer le son que vous entendez.**

	[aj]	[œj]	[ɛj]	[uj]
appareil			X	

2. ◉◉ **Ajoutez le son [j] au son que vous entendez. : « pas » → « paille ».**

3. ◉◉ **Vouvoyez :** « appuie » → « appuyez ».

4. Phrases à répéter (le plus vite possible !)
a. Elle a payé très cher les lentilles de sa fille. **b.** Vous croyez que toute la famille s'habille à Neuilly ? **c.** Essuyez vos pieds sur le paillasson.

COMMUNIQUEZ

1. Travaillez à trois. L'un fait trois phrases au passé composé : « Hier, je suis allé au cinéma. J'ai vu un bon film. Je suis rentré chez moi en bus. » Le deuxième transforme : « Tu dis que tu es allé au cinéma, que tu as vu un bon film et que tu es rentré chez toi en bus. » Et le troisième transforme au passé : « Tu as dit que tu étais allé au cinéma, que tu avais vu un bon film et que tu étais rentré chez toi en bus. »

2. Travaillez à trois ou quatre. Vous choisissez un thème de discussion (L'argent fait-il le bonheur ? Faut-il suivre la mode ? La chirurgie esthétique est-elle toujours une bonne chose ?...). Discutez pendant 5 minutes, chacun donne son point de vue. Quand la conversation est finie, un élève récapitule l'opinion d'un autre élève : « Barbara a dit qu'elle était contre la peine de mort... »

1. Lisez le texte suivant.

COQUELICOT	TORÉADOR	TCHATCH	KASSKOU
Comme je suis timide, je rougis facilement.	Moi, je trouve que la vie, c'est une drôle de corrida !... et en plus, je suis d'origine espagnole.	J'adore discuter, c'est vrai, je suis une grande bavarde.	Tous les sports extrêmes me fascinent.

Pseudos et psycho

Le « pseudonyme « ne date pas d'aujourd'hui : en littérature, nombreux sont les écrivains qui ont publié sous un faux nom pour pouvoir s'exprimer plus librement, défier les autorités ou renverser les tabous. Les chanteurs et les acteurs, qui trouvent parfois leur nom trop banal ou désirent rompre avec leur ancienne vie, prennent un «nom de scène». Avec Internet, les forums de discussion, les «chats», le téléphone portable et les textos, les « pseudos » se démocratisent et connaissent un succès considérable : signer un message par un pseudo permet de rester anonyme tout en donnant

quelques indices d'ordre physique ou sentimental sans se dévoiler complètement. Il peut aussi exprimer inconsciemment une ambition («topmodel»), une conviction («ecologirl»), une recherche («zen») ou un sentiment («grdcœur»). Et c'est pratique : on peut en changer facilement selon son humeur.

Pour F. Messer, psychologue et psychanalyste, «un pseudonyme électronique est une jonction entre le monde réel et imaginaire»... À force de discuter avec des êtres virtuels, les personnes en chair et en os risquent de paraître bien banales.

(D'après *Girls*, mars 2003.)

PRATIQUEZ

2. Répondez aux questions.

a. Trouvez, dans le texte, une expression qui définit le « pseudo ».

b. Le pseudo est un phénomène moderne ?

c. Qui utilise les « pseudos » ? Pour quelles raisons ?

d. Récapitulez les avantages et les inconvénients des « pseudos ».

e. Reformulez le titre avec des mots complets.

f. Avez-vous un « pseudo » ? Si oui, expliquez-le. Si non, inventez-vous un pseudo et justifiez votre choix.

> **Comprenez-vous ces textos ?**
> Cpa du français
> = c'est pas du français
> = ce n'est pas du français

> **Ré-écrivez en français correct.**
> KeskiCpaC ? • Tapa envi d'1 6né ?
> • KskonFé 2m1 ? • Ckwa ? • A+

GRAMMAIRE

■ Les pronoms personnels

Sujets	Réfléchis	Directs	Indirects	Renforcés
je	me/m'	me/m'	me/m'	moi
tu	te/t'	te/t'	te/t'	toi
il	se/s'	le/l'	lui	lui
elle	se/s'	la/l'	lui	elle
on	se/s'	-	-	soi
nous	nous	nous	nous	nous
vous	vous	vous	vous	vous
ils	se/s'	les	leur	eux
elles	se/s'	les	leur	elles

■ **Réfléchis** : avec les verbes pronominaux. *Les parents de Jean ne s'inquiètent plus.*

■ **Directs** : avec les verbes sans « à ». *Ils **le** joignent sur son portable.*

■ **Indirects** : avec les verbes avec « à ». *Jean peut aussi **leur** téléphoner.*

■ **Renforcés** : pour insister (*Moi, je refuse*), pour comparer (*Je suis moins inquiète qu'**eux***), après des prépositions (*On part avec **eux***), pour des questions et des réponses courtes (*Et **lui** ? – **Lui** aussi !*).

Attention ! Certains verbes suivis de « à », comme « penser », sont suivis de pronoms renforcés. *Ils n'ont pas pensé à leur père. Ils n'ont pas pensé à **lui**.*

Écrivez cette conversation téléphonique au discours indirect au présent, puis au passé.

« Allô, Virginie, c'est Patrick. Je suis avec Thierry... On avait envie de te parler pour te faire une proposition. Qu'est-ce que tu as prévu de faire ce week-end ?

— Je n'ai encore rien décidé, pourquoi ?

— Tu veux faire un petit tour avec nous en Normandie ? Nous partirons vers 9 h, on ne s'arrêtera pas en route et on arrivera chez mes parents vers 11 h. Réfléchis et rappelle-nous avant demain soir !

— D'accord ! En tout cas, je vous remercie d'avoir pensé à moi ! »

→ *Patrick téléphone à Virginie pour... dire...*

→ *Patrick a téléphoné à Virginie pour... dire...*

l'écran

l'unité centrale

la souris

le clavier

sur le réseau, pour y faire des recherches, se distraire, lier des contacts, charger de la musique : ce nouveau média interactif a aboli le temps et l'espace. Certes, on est encore un peu timide pour les achats, mais le commerce en ligne a de beaux jours devant lui. Le téléphone portable, qui a connu un développement spectaculaire, constituera bientôt le support le plus pratique pour accéder à l'Internet. Nous serons tous un jour ou l'autre des internautes...

1 Lisez.

DES SOURIS ET DES HOMMES

Créé en 1954 par un linguiste de la Sorbonne, le mot « ordinateur » est entré plus vite dans le dictionnaire que dans les foyers français. Il faut dire qu'un autre petit appareil, simple et bien pratique, le Minitel, s'y était installé avant lui. Son clavier et son écran, reliés au téléphone, ne prenaient pas trop de place et permettaient, entre autres, de consulter l'annuaire téléphonique, les horaires des trains ou la météo, de réserver des billets ou une chambre d'hôtel, d'acheter des articles par correspondance.

Dans les années 90, l'ordinateur n'était encore qu'un outil professionnel. Depuis, les Français l'utilisent à la maison, même s'ils ne sont pas encore aussi bien équipés que leurs voisins scandinaves. L'Internet fait de plus en plus d'adeptes (6 millions en 2000) ; au collège, au lycée, à l'université comme à la maison, on « surfe » ou on « navigue »

2 Répondez aux questions.

1. Citez quatre innovations dans le domaine de la communication.
2. À quoi sert le Minitel ?
3. Vrai ou faux ?
   a. Les Français utilisaient le Minitel avant Internet. **b.** Les Français ont été les premiers Européens à s'équiper en ordinateurs. **c.** Les Français ont mis du temps à adopter l'ordinateur personnel.
4. Pourquoi l'Internet est-il différent des autres médias (presse écrite, télévision, radio) ?
5. Qu'est-ce que le commerce en ligne ?
6. Qu'est-ce qu'un internaute ?
7. Les nouveaux outils de communication permettent-ils de vraiment <u>mieux</u> communiquer ? Donnez votre opinion personnelle et illustrez vos arguments avec des exemples.

| dossier | ouvrir | enregistrer | imprimer | couper | copier | coller | supprimer |

ÉCRIT

Lisez le texte suivant puis répondez aux questions.

À 25 ans, après de brillantes études, Jérôme Adam était déjà à la tête de son entreprise. Ce jeune homme a de quoi susciter l'admiration, surtout quand on sait qu'il est aveugle. «Mais je suis d'abord chef d'entreprise, insiste-t-il. Mon handicap vient loin derrière mes autres rôles.» Parti de son Reims natal pour l'Institut des jeunes aveugles à Paris, il a appris à lire en braille et à se diriger. Mais il ne voulait pas rester toute sa vie dans un monde de non-voyants. Il est retourné dans son lycée d'origine pour passer son bac, qu'il a obtenu avec la mention très bien. Depuis, la réussite ne le quitte plus. L'année dernière, il a créé Labelvue, un logiciel qui permet aux malvoyants d'améliorer leur confort de lecture en modifiant notamment la taille et la couleur des caractères. Ceux qui voient bien peuvent aussi l'utiliser pour moins se fatiguer les yeux.

Une quinzaine de sites ont adopté Labelvue. Et ce n'est qu'un début…

(D'après *20 minutes*, 27/3/03, Corinne Callebaut.)

1. **Vrai ou faux ?**
   a. Jérôme Adam est chef d'entreprise.
   b. Il est né à Paris.
   c. Il a créé un produit informatique pour Internet.

2. **Quel est le handicap de Jérôme Adam ?**

3. **Décrivez ce qu'il a créé.**

4. **«Labelvue» est destiné à quels types d'utilisateurs ?**

5. **Trouvez dans le texte un mot qui signifie :**
   a. un aveugle : …
   b. un programme informatique : …

6. **Vous rédigez un petit texte publicitaire pour présenter un nouveau produit dans le domaine de l'informatique et des communications.**

ORAL

◉◉ Écoutez l'enregistrement.

1. **Répondez aux questions.**
   a. Quel est le problème de cette jeune fille ? b. Quel est l'origine de l'incident ? c. Que s'est-il passé ? d. Que pense-t-elle du courrier électronique ?

2. **Quel est votre avis personnel sur le courrier électronique ? Expliquez-en les avantages et les inconvénients.**

   Que préférez-vous ? La conversation téléphonique, la correspondance traditionnelle ou le courrier électronique ?

3. **Observez le dessin ci-contre.**
   a. Décrivez ce dessin.
   b. Comment l'interprétez-vous ?

LE PORTABLE SE PLACE ENTRE LA FOURCHETTE À CHAMPIGNONS ET LE COUTEAU À MOULES..

Molcom

Leçon

4 Un imprévu

DÉCOUVREZ

1. Observez le dessin.

2. 👁👁 Écoutez le dialogue.

Christine, la copine de Nicolas, a appris qu'il était à l'hôpital. Elle vient le voir.

NICOLAS : Ah, c'est toi, Christine ! Tu as été prévenue.

CHRISTINE : Qu'est-ce qui t'est arrivé ?

NICOLAS : Oh, ce n'est pas trop grave, je n'ai rien de cassé. J'ai juste été un peu blessé. J'ai eu un petit accident de scooter.

CHRISTINE : C'est arrivé comment ?

NICOLAS : Je roulais vers le centre et j'ai été surpris par une voiture qui arrivait sur ma droite. J'ai perdu l'équilibre et je suis tombé.

CHRISTINE : Tu étais encore en train de rêver à tes projets… Alors, tu es ici pour combien de temps ?

NICOLAS : Normalement, une semaine. Olivier vient de m'apporter ses notes de cours. Et j'ai une excellente nouvelle à t'annoncer ! J'ai été sélectionné pour participer à l'émission de Maxime dans deux mois. Je dois être en forme. Alors, je compte sur toi pour entretenir mon moral…

3. Complétez les réponses à ces questions.

a. Nicolas a eu un accident de voiture ? Non, il …

b. Il s'est cassé la jambe ? Non, il …

c. Il a été surpris par un scooter ? Non, il …

d. Olivier va lui apporter ses notes de cours. Non, il …

e. Nicolas a été sélectionné pour passer le bac ? Non, il …

4. Racontez l'accident de Nicolas.

VOCABULAIRE

pour parler de la santé

être en bonne santé • en forme • en mauvaise santé • être malade.

avoir mal au dos • un virus • attraper un rhume • avoir la grippe • tousser • avoir de la température • avoir de la fièvre • transpirer • avoir un malaise • avoir mal au cœur • tomber dans les pommes *(familier)* • s'évanouir • « je me sens mal ».

se casser une jambe • se fouler la cheville.

une ordonnance • un médicament • une piqûre • un comprimé • une pilule • une gélule • se soigner • être guéri.

1. « J'ai trop marché, j'ai mal aux pieds. »
Utilisez : manger, travailler, skier…

2. Quelle est la différence entre « avoir mal au cœur » et « avoir une maladie de cœur » ?

3. Quelle est la différence entre un rhume et la grippe ?

GRAMMAIRE

■ Le passif

■ Comparez : *Delacroix a peint ce tableau.*
Ce tableau a été peint par Delacroix.
Dans le 1er exemple, l'accent est mis sur *Delacroix*, dans le 2e, sur *le tableau*.

■ *Un tableau **a été volé**.* On ne sait pas par qui. On peut aussi dire : *On a volé un tableau.*

■ Attention ! Seuls les verbes qui ont un complément direct peuvent être utilisés au passif. Ainsi, la phrase *Il a parlé aux élèves* ne peut pas être mise au passif.

■ Les formes du passif :
• infinitif : *Je n'aime pas **être dérangé**.*
• présent : *La lettre **est envoyée**.*
• passé composé : *Il **a été blessé** dans l'accident.*
• imparfait : *J'étais **battu** par mes camarades.*
• futur proche : *Il va bientôt **être libéré** de prison.*
• futur simple : *Les candidats **seront convoqués** par courrier.*

1. Transformez :
« Saint Laurent a créé cette robe. »
→ « Cette robe a été créée par Saint Laurent. »
a. On fabrique ce fromage en Normandie.
b. On a livré les meubles hier.
c. On m'a prévenu à la dernière minute.
d. La police le recherche.
e. On a enfin découvert le virus.

2. Associez les éléments :
« Le téléphone a été inventé par Bell. »
• la radio   écrire   Einstein
• la théorie de la relativité   inventer   Marconi
• l'Amérique   peindre   Beethoven
• le vaccin contre la rage   découvrir   Proust
• la carte à puce   Pasteur
• *À la recherche du temps perdu*   Colomb
• *La Joconde*   Léonard de Vinci

PRONONCEZ

1. 🔊 **Faites une croix pour indiquer si vous entendez le « eu » ou « ou ».**

	[ø]	[u]
deux	X	

2. 🔊 **Répétez et ajoutez le son [ø] :**
« doute » → « douteux ».

3. **Répétez ces phrases (le plus vite possible !).**
a. Son neveu a les yeux bleus.
b. Il veut jouer au deuxième étage.

COMMUNIQUEZ

1. Vrai ou faux ? Préparez une anecdote originale. Votre histoire peut être vraie ou inventée. Ensuite, racontez votre anecdote au reste de votre groupe. Quand vous avez fini, les autres vous posent des questions pour vérifier si c'est vrai ou faux. Le groupe vote. Vous confirmez si c'est vrai ou faux.

2. Un meurtre a été commis et il faut vérifier les alibis des suspects. Deux élèves sortent pour préparer le récit détaillé de l'après-midi qu'ils ont passé ensemble la veille. Les autres élèves préparent leurs questions. Un des deux élèves revient en classe. Les autres lui posent leurs questions puis entre le second élève. On lui pose les mêmes questions. Si on obtient les mêmes réponses, l'alibi est confirmé, sinon l'alibi tombe…

1. **Lisez le texte.**

Dans La Promesse de l'aube, *Romain Gary raconte son enfance et sa jeunesse illuminées par l'amour infini de sa mère, une artiste russe au tempérament volcanique, qui élevait seule son enfant. Romain a 8 ans. Ils habitent un appartement très modeste à Wilno, en Pologne. Sa mère gagne difficilement sa vie en faisant des chapeaux.*

Nous avions des voisins et ces voisins n'aimaient pas ma mère. La petite bourgeoise de Wilno n'avait rien à envier à celle d'ailleurs, et les allées et venues de cette étrangère avec ses valises et ses cartons, jugées mystérieuses et louches[1], eurent vite fait d'être signalées à la police polonaise, très soupçonneuse, à cette époque, à l'égard des Russes réfugiés. Ma mère fut accusée de recel d'objets volés[2]. Elle n'eut aucune peine à confondre ses détracteurs[3], mais la honte, le chagrin, l'indignation, comme toujours, chez elle, prirent une forme violemment agressive. Après avoir sangloté quelques heures, parmi ses chapeaux bouleversés – les chapeaux de femmes sont restés jusqu'à ce jour une de mes petites phobies –, elle me prit par la main et, après m'avoir annoncé qu'« ils ne savent pas à qui ils ont affaire »,

elle me traîna hors de l'appartement, dans l'escalier. Ce qui suivit fut pour moi un des moments les plus pénibles de mon existence – et j'en ai connu quelques-uns.

Ma mère allait de porte en porte, sonnant, frappant et invitant tous les locataires à sortir sur le palier. Les premières insultes échangées – là, ma mère avait incontestablement le dessus –, elle m'attira contre elle et, me désignant à l'assistance, elle annonça, hautement et fièrement, d'une voix qui retentit encore en ce moment à mes oreilles :

— Sales petites punaises[4] bourgeoises ! Vous ne savez pas à qui vous avez l'honneur de parler ! Mon fils sera ambassadeur de France, chevalier de la Légion d'honneur, grand auteur dramatique, Ibsen, Gabriele d'Annunzio ! Il…

Elle chercha quelque chose de tout à fait écrasant, une démonstration suprême et définitive de réussite terrestre :

— Il s'habillera à Londres !

J'entends encore le bon gros rire des « punaises bourgeoises » à mes oreilles. Je rougis encore, en écrivant ces lignes. Je les entends clairement et je vois les visages moqueurs, haineux, méprisants – je les vois sans haine : ce sont des visages humains, on connaît ça. Il vaut peut-être mieux dire tout de suite, pour la clarté de ce récit, que je suis aujourd'hui Consul général de France, compagnon de la Libération, officier de la Légion d'honneur et que si je ne suis devenu ni Ibsen, ni d'Annunzio, ce n'est pas faute d'avoir essayé.

Et qu'on ne s'y trompe pas : je m'habille à Londres. J'ai horreur de la coupe anglaise, mais je n'ai pas le choix.

Romain Gary,
La Promesse de l'aube, © Gallimard, 1960.

1. Louche : pas honnête, suspect(e). **2.** Ma mère a été accusée d'avoir chez elle des objets volés. **3.** *Confondre ses détracteurs :* montrer que les personnes qui l'accusaient ne disaient pas la vérité. **4.** Une punaise est un petit insecte qui dégage une mauvaise odeur quand on l'écrase. C'est aussi une insulte pour dire qu'une personne est méprisable.

PRATIQUEZ

2. **Vrai ou faux ? Cochez les bonnes réponses.**

☐ La mère de Romain Gary avait des voisins sympathiques.

☐ La mère de Romain Gary avait bonne réputation.

☐ La mère de Romain Gary a été accusée par ses voisins.

3. **Résumez le point de départ de l'incident en quelques phrases.**

4. **Soulignez, dans la liste ci-dessous, les sentiments de la mère de Romain Gary :**

la surprise, la joie, le chagrin, la déception, l'indignation, la nostalgie, la honte, la gratitude, la révolte.

5. **A-t-elle réagi calmement ou agressivement ?**

6. **Qu'a-t-elle fait ?**

7. **« Ils ne savent pas à qui ils ont affaire » signifie :**

a. Ils ne savent pas que mon fils est un homme d'affaires.

b. Ils ne savent pas que mon fils est quelqu'un d'important.

8. **Pourquoi Romain « rougit »-il ?**

9. **Décrivez le comportement des voisins.**

10. **Que nous apprend Romain Gary à la fin de cette histoire ?**

11. **Pourquoi, à votre avis, a-t-il donné à son livre le titre *La Promesse de l'aube* ?**

12. **Racontez un souvenir d'enfance, heureux ou malheureux, et décrivez vos sentiments.**

MANIÈRES DE DIRE

situer dans le passé

Dater

par rapport au présent :
- la semaine dernière
- il y a 3 jours
- avant-hier
- hier
- aujourd'hui
- demain
- après-demain
- dans 3 jours
- la semaine prochaine

par rapport au passé :
- la semaine précédente
- 3 jours avant
- l'avant-veille
- la veille
- ce jour-là
- le lendemain
- le surlendemain
- 3 jour après
- la semaine suivante

Expliquer une succession d'événements

tout d'abord • puis • ensuite • enfin…

soudain • tout à coup • alors • à ce moment-là…

Racontez une anecdote à partir de ces éléments :

semaine dernière – vacances – faire beau – téléphoner à une copine – décider – prendre un bateau – partir – mer calme – agréable – arriver – île – découvrir – une maison – entrer – personne – ressortir – deux hommes – arriver – en colère – questions – peur – partir en courant – se dépêcher – monter – s'éloigner – rire.

1 Lisez.

LA SÉCURITÉ SOCIALE

Depuis 1945, la Sécurité sociale rembourse les dépenses liées à la maladie, la maternité, l'invalidité, le décès, les accidents du travail, la vieillesse (à la retraite), les enfants (par «allocations familiales»).

C'est une forme d'assurance administrée par l'État. Chaque mois, une partie du salaire est prélevée obligatoirement pour alimenter les caisses : ce sont les cotisations, payées par l'employé et par l'employeur.

Ainsi, en cas de maladie, le patient peut se rendre chez le médecin généraliste de son choix. Celui-ci remplit une ordonnance, qui permet d'obtenir des médicaments à la pharmacie, et lui donne une feuille de soins pour le remboursement partiel des frais médicaux. Il faut ensuite envoyer cette feuille à la caisse de Sécurité sociale (familièrement nommée la «Sécu»).

Mais ce processus a maintenant été simplifié et modernisé grâce à la carte Vitale. Cette carte à puce contenant les références de l'assuré permet d'automatiser le traitement administratif : le patient n'a donc plus aucune démarche à faire. Le médecin et le pharmacien transmettent par ordinateur les informations et le remboursement est effectué automatiquement.

Ce système est très coûteux pour la collectivité et on l'accuse d'encourager la consommation de médicaments, et même l'automédication car les personnes utilisent des médicaments qu'ils gardent chez eux. Par ailleurs, on constate un intérêt grandissant pour les «médecines douces» ou «médecines parallèles».

2 Répondez aux questions.

1. Vrai ou faux ?
   a. La Sécurité sociale est une forme d'assurance privée. **b.** Les cotisations sont payées seulement par l'employé. **c.** On ne peut pas choisir son médecin traitant.

2. Qu'est-ce qu'une ordonnance ?

3. Qu'est-ce que la «carte Vitale» ?

4. Quels sont les avantages et les inconvénients du système ?

5. Comparez le système français avec celui en vigueur dans votre pays.

ÉCRIT

Lisez le texte suivant puis répondez aux questions.

Quand ont fait sa toilette, on se savonne le corps, on se lave les cheveux, on se nettoie les oreilles, on se brosse les dents. Mais il y a un organe que l'on oublie bien souvent. Pourtant, il est vital pour notre santé. L'intérieur de cet organe est couvert de petits cils. L'air qui le traverse est ainsi filtré, réchauffé et humidifié. Cet organe, c'est le nez.

Pour une bonne défense contre les microbes présents dans l'air, le nez ne doit pas être trop sec. Néoflex est un aérosol qui contient de l'eau et des sels minéraux pour une hygiène parfaite du nez et une meilleure résistance à certaines maladies : les rhumes, les sinusites, les otites…

Il est simple d'utilisation et particulièrement pratique pour dégager le nez des bébés. Il est économique, surtout si vous pensez à tous les médicaments que vous n'aurez plus à acheter !

Pour une réelle efficacité, il est conseillé de l'utiliser 2 ou 3 fois par jour. Le modèle familial permet 300 pulvérisations. Néoflex est vendu en pharmacie.

1. Identifiez le type de document (article, publicité, lettre…).

2. Vrai ou faux ? Entourez les bonnes réponses.
a. On nous conseille de ne pas nous nettoyer le nez trop souvent. **b.** On fait de la publicité pour un climatiseur. **c.** Pour mieux protéger contre les microbes, le nez doit être bien sec. **d.** L'aérosol ne s'utilise qu'une seule fois.

3. À quoi servent les cils qui sont à l'intérieur du nez ?

4. L'aérosol est-il réservé aux enfants ?

5. Que contient-il ?

6. Vous écrivez une publicité pour montrer les avantages d'un médicament (vous pouvez inventer !).

ORAL

1. ◉◉ Écoutez l'enregistrement et répondez aux questions.

a. Jérémie est-il parti seul ? **b.** Quel temps faisait-il ? **c.** Que s'est-il passé ? **d.** Qui a prévenu les secours ? **e.** Jérémie a-t-il été transporté en hélicoptère ? **f.** Expliquez l'expression « un brouillard à couper au couteau ». **g.** Quels soins a reçus Jérémie sur la piste, puis à l'hôpital ?

2. ◉◉ Racontez.

a. À partir des bruitages que vous entendez, racontez ce qui s'est passé.
- Situez le moment de la journée.
- Expliquez la succession des événements au passé.
- Donnez votre interprétation de cette histoire.

b. Regardez cette photo.
- Que voyez-vous ? Que s'est-il passé avant ? Que s'est-il passé après ?
- Racontez toute l'histoire au passé : *Ce jour-là, monsieur X…*

Leçon

5 C'est parti !

DÉCOUVREZ

1. Observez le dessin.

2. 👁👁 **Écoutez le dialogue.**

Les parents de Nicolas ont accepté de le laisser partir une semaine à Paris pour l'émission de Maxime. Ils lui disent au revoir sur le quai de la gare.

LA MÈRE : Vérifie que tu as bien composté ton billet. Tu es vraiment décidé à rester toute la semaine ?

LE PÈRE : Inutile d'essayer de le faire changer d'avis.

LA MÈRE : Tu nous appelleras de Paris. Je serai plus tranquille quand je saurai que tu es bien arrivé.

NICOLAS : Ne vous inquiétez pas. Tout ira bien... *(Christine arrive)*

NICOLAS : Ah, enfin ! Je ne voulais pas partir sans te voir...

LE PÈRE : Bon, on vous laisse. Allez, au revoir, *(ils s'embrassent)*, fais bon voyage !

(annonce) Le train à destination de Paris-Austerlitz est prêt à partir.

NICOLAS : C'est drôle. Je me demande si j'ai raison de partir.

CHRISTINE : Je crois que tu as pris la bonne décision. Tu vas bien t'amuser. Tu me raconteras ? Vas-y, monte, ne rate pas ton train !

NICOLAS : Christine, je voulais te dire...

CHRISTINE : Ne dis rien... Moi aussi... *(le train démarre).*

Répondez aux questions.

a. Dans quel état d'esprit sont les parents de Nicolas ?

b. Pourquoi Nicolas attend-il avant de monter dans le train ?

c. Comment se sent Nicolas ?

d. Retrouvez dans le dialogue le mot qui signifie :
  ■ bizarre : ...   ■ manquer : ...
  ■ valider son billet : ...

VOCABULAIRE

voyager

le guichet • le distributeur • prendre un aller-simple • un aller-retour • faire une réservation • composter le billet • le quai • le tableau d'affichage • la voie

une place libre • le porte-bagages • monter dans le train • descendre du train • en tête • en queue • le contrôleur • démarrer • ralentir • s'arrêter

conduire • rouler • se garer • la circulation • les embouteillages • l'autoroute • le péage

En utilisant le plus d'éléments possible des listes ci-dessus, racontez un voyage en train ou en voiture :

« Je suis allé(e) à la gare et j'ai acheté un billet au guichet... »

MANIÈRES DE DIRE

prendre une décision, hésiter

J'ai décidé de… • Je suis décidé(e) à… • J'ai pris la résolution/la décision que…

J'hésite à… • Je ne sais pas encore si… • Je me demande si… • Je ne suis pas convaincu(e), persuadé(e), certain(e) que…

PRONONCEZ

1. 👂👄 Écoutez et répétez les mots.

2. 👂👄 Remplacez le son [a] par le son [wa] : « ta » → « toi ».

3. 👂👄 Ajoutez le son [ɥ] : « nu » → « nuit ».

4. Répétez la phrase : « Le bruit de la pluie, la nuit sur les toits, m'ennuie. »

GRAMMAIRE

■ Le futur

Pour exprimer une action future, on emploie :

le présent ou **le futur proche**
+ un indicateur de temps :
→ événement proche et/ou sûr :
Je passe mon bac dans un mois.
Je vais passer mon bac en juin.

le futur simple :
→ prévisions :
Demain, il pleuvra sur toute la France.
→ informations calculables :
En 2005, il y aura 62 millions de Français.
→ événement fixé à l'avance :
Le concert aura lieu le 15 juin.
→ ordre :
Tu ne perdras pas ton billet !
→ hypothèse réalisable (après « quand » ou « si ») :
Quand il y aura le silence, je pourrai parler.
Si je réussis mon bac, j'irai à la fac.
→ action remise à plus tard :
Je suis fatigué, je le ferai demain.
→ promesse ou résolution :
Ne t'inquiète pas, je ferai attention.
À partir de maintenant, je ne mentirai plus.

1. **La maison de l'avenir : mettez au futur.**
Il y a un ordinateur qui ouvre ou ferme les portes, règle la température, détecte la présence d'intrus et peut vous téléphoner en cas de problème. Par votre téléphone portable, vous êtes relié aux caméras de contrôle et vous voyez ce qui se passe chez vous. Votre vie est plus tranquille…

2. **Imaginez le monde dans vingt ans (transports, communications, éducation…).**

COMMUNIQUEZ

1. Trouvez des slogans publicitaires pour un dentifrice, une voiture de luxe, des pâtes, le TGV : « Avec le dentifrice Fluorex, vos dents auront une blancheur de rêve ! » Présentez-les à la classe.

2. Vous travaillez dans une agence de voyages et vous « vendez » un voyage dans l'Orient-Express à des clients indécis. Vos arguments :
un voyage original – 24 heures – certains des plus beaux paysages d'Europe – un compartiment privé – steward pour installer le lit – 3 luxueuses voitures restaurant – magnifique décoration style 1920 – cuisine exceptionnelle – petit-déjeuner dans votre compartiment – cravate ou smoking pour le dîner – agréable soirée dans le salon-bar – pianiste – une bouteille de spumante offerte aux jeunes mariés.

1. Lisez et associez les photos aux réponses.

Qu'est-ce qui vous paraît important pour réussir dans la vie ?

(D'après *Phosphore*, mars 2003)

	Ensemble	Garçons	Filles
1. Être bien dans sa peau	87	83	91
2. Avoir un travail	83	82	84
3. Être en bonne santé	82	80	84
4. Avoir une famille unie	80	77	84
5. Faire ce qu'on a envie de faire	77	76	79
6. Avoir une bonne formation	67	65	69
7. Avoir beaucoup d'amis	62	62	63
8. Être amoureux	57	51	63
9. Être intelligent	40	41	39
10. Être riche	21	29	14
11. Être beau	8	11	5
12. Être célèbre	5	8	3

PRATIQUEZ

2. Identifiez ce document (article, tract, lettre, sondage...).

3. Répondez aux questions.
   a. Quel est l'objectif de ce document ?
   b. Qui a répondu à ces questions ?
   c. Que signifie « être bien dans sa peau » ?
   d. Que signifie « avoir une bonne formation » ?

4. Etes-vous surpris(e) par ces réponses ? Pourquoi ?

5. Quelles sont les deux réponses où la différence entre les filles et les garçons est très grande ?
Expliquez : Pour les garçons..., mais pour les filles...

6. Quelle est la réponse où les garçons et les filles ont pratiquement le même avis ?

7. Complétez en utilisant des comparatifs.
Selon ce document...
   a. c'est ... important pour les garçons ... pour les filles d'être bien dans sa peau.
   b. avoir une bonne formation préoccupe un peu ... les filles ... les garçons.
   c. les filles aiment ... être amoureuses ... être riches.
   d. les garçons attachent ... importance à l'amour ... à l'argent.
   e. l'intelligence est un peu ... importante pour les garçons ... les filles.

8. Choisissez trois éléments très importants et trois éléments peu importants selon vous. Pourquoi ?

9. Comparez votre vie à celle de vos parents ou vos grands-parents à votre âge. Est-elle très différente ? Expliquez.

GRAMMAIRE

■ Les comparatifs

Comparer	La qualité (adjectifs et adverbes)	La quantité (noms)	L'intensité (verbes)
+	plus... que	plus de / d'... que	plus que
−	moins... que	moins de / d'... que	moins que
=	aussi... que	autant de / d'... que	autant que

Attention ! Comparatifs irréguliers :

■ *C'est **bien**. – C'est **mieux**. – C'est beaucoup **mieux**. / C'est **bien mieux**.*

■ *Ce n'est **pas bien**. – C'est **mal**. C'est encore **pire**.*

■ *J'ai une **bonne** idée.
Moi, j'en ai une **meilleure** !...
Et moi, une **bien meilleure** !*
***Meilleur(e)(s)** s'accorde avec le nom.*

■ *Il a de **mauvaises** notes cette année. L'année dernière, elles étaient **plus mauvaises**.
Celles de sa sœur sont **pires**.*

Autres expressions pour comparer :

■ *C'est **comme**... – Cela ressemble **à**...
C'est la **même chose que**... – C'est **pareil** (que...) – Cela fait penser **à**...
On dirait... – Cela me rappelle...
C'est différent **de**... – Cela n'a rien à voir **avec**...*

Lisez et reformulez ces résolutions en utilisant le futur simple.

> **Bonnes résolutions**
>
> a. J'ai décidé de manger moins de sucreries, de boire beaucoup plus d'eau.
>
> b. Je dois convaincre Ariane de s'inscrire avec moi au club de gym.
>
> c. Je compte bien me faire un peu d'argent pendant les vacances. Il faut donc commencer à chercher un travail maintenant.
>
> d. Je vais trier mes vêtements, classer mes papiers, mieux ranger.
>
> e. J'ai besoin de plus de sommeil : je vais moins regarder la télé.
>
> f. Je ne dois plus me moquer de mon frère.

1 Lisez.

EN ROUTE !

Pour se rendre à leur travail, 64 % des Français utilisent leur voiture – un moyen de transport qui concilie parfaitement leur désir d'autonomie et leur besoin de mobilité. Ainsi, la France, grande constructrice d'automobiles, arrive-t-elle au 2e rang en Europe, après l'Italie, pour le nombre de véhicules par habitant. À Paris, malgré un réseau bien distribué de transports en commun (métro et bus), les embouteillages bloquent les rues de la capitale aux heures de pointe. Pour échapper à la pollution et aux nuisances sonores, certains Parisiens, à la recherche d'une meilleure qualité de vie, ont décidé d'habiter à la campagne : Paris n'est après tout qu'à une heure de Lyon et à trois heures de Marseille en TGV. Environ 10 000 « TGVistes » ont donc choisi ce mode de vie. L'apparition d'autres trains à grande vitesse, le Thalys et l'Eurostar, rend également plus accessibles les capitales européennes : Bruxelles, Amsterdam, Londres... Maintenant que de petites compagnies aériennes sillonnent le ciel de France, le train et l'avion sont plus que jamais en concurrence et essaient de séduire les passagers avec des tarifs très attrayants, surtout si on réserve bien à l'avance.

Un des objectifs de la communauté européenne, la libre circulation des hommes et des marchandises à l'intérieur de l'Europe, est devenu une réalité.

(Francoscopie 2003)

2 Répondez aux questions.

1. Quel est le moyen de transport le plus utilisé par les Français pour aller travailler ?

2. Cochez la bonne réponse :
   - ■ Il y a moins de voitures par habitant en Italie qu'en France.
   - ■ Il y a plus de voitures par habitant en Italie qu'en France.

3. Que signifie « l'heure de pointe » ?

4. Citez trois types de trains européens.

5. Si vous partez en TGV de Paris à 9h, à quelle heure arrivez-vous à Marseille ?

6. Remplacez le titre de cet article, « En route ! », par un verbe à l'impératif.

7. Regardez la publicité de la SNCF. Quelle phrase du texte correspond à cette publicité ?
   Expliquez « Plus on s'y prend tôt, plus les prix sont petits ».

ÉCRIT

Lisez le texte suivant puis répondez aux questions.

Le cercle invisible des lecteurs

Il est posé sur le rebord d'une fenêtre ou sur un banc public. Il semble avoir été oublié. Le livre a une étiquette à l'intérieur : « Prenez un livre, laissez-en un autre, aidez-nous à diffuser le passe-livre dans toute la France. »

« *Leggere per 2* », la librairie italienne installée dans le 4e arrondissement de Paris, a lancé en mars l'opération « Passe-Livre ». 3 000 bouquins (dont 2 000 donnés par la mairie de Florence) ont été lâchés dans la nature.

Pour faire circuler un livre, il faut pour l'instant passer à la librairie pour l'échanger avec un autre déjà étiqueté. Mais quand le site Internet sera disponible, les lecteurs pourront télécharger une étiquette avec un code d'identité.

Enfin, la librairie compte sur la collaboration d'organismes publics (mairies, bibliothèques, etc.) pour créer et approvisionner de nouveaux lieux où les lecteurs viendront se servir. Ce qui est important, c'est la relation entre les lecteurs. Ils peuvent entrer en contact, créer des itinéraires, jouer ou parler des livres ».

(D'après *20 minutes*, 27/05/03.)

1. Identifiez le type de document (pétition, article, publicité, roman...).

2. Vrai ou faux ? a. Le Passe-Livre n'existe qu'en Italie. b. Il consiste à échanger des textes sur Internet. c. Les livres sont identifiés par une étiquette à l'intérieur.

3. Résumez le principe du « passe-livre ». Qu'en pensez-vous ? Aimeriez-vous y participer ?

4. Trouvez dans le texte un synonyme familier de « livre ».

5. Pourquoi mentionne-t-on la mairie de Florence ?

6. Quelle est la différence entre une librairie et une bibliothèque ?

7. Imaginez que vous participez à l'opération « passe-livre ». Vous écrivez à un ami pour lui expliquer le principe et vous racontez comment ça s'est passé.

ORAL

1. ☺☺ Écoutez et cochez la bonne case.

	a	b	c	d	e	f	g
A pris sa décision							
N'a pas pris sa décision							

2. ☺☺ Écoutez et répondez aux questions.
   a. Quel est le sujet de cette conversation ?
   b. Quelles sont les deux alternatives ?
   c. Quels en sont les avantages et les inconvénients ?
   d. Les deux personnes sont-elles d'accord ? Pourquoi ?
   e. Quelle décision prendront-ils à votre avis ?

3. **Préférez-vous** les voyages organisés ou partir seul(e) ou avec des amis ? Pourquoi ?

4. **À votre avis** est-il plus intéressant de découvrir un pays en voyageant en train ou en voiture ? Comparez les avantages et les inconvénients des deux moyens de transport.

Les adjectifs qualificatifs

a. Accord

- Ils s'accordent avec le nom ou le pronom qu'ils qualifient :
  - féminin → + «e» (sauf après un «e» sans accent) :
    *il est intelligent → **elle** est intelligente – un jeune homme → une jeune fille*
  - masculin pluriel → + «s» : *il est têtu → **ils** sont têtus*
  - féminin pluriel → + «es» : *il est blond → **elles** sont blondes*
- Cas particuliers :
  - *discret → discrète – nul → nulle – heureux → heureuse – jaloux → jalouse sportif → sportive – ancien → ancienne – franc → franche*
  - *beau / belle – fou / folle – doux / douce – faux / fausse – nouveau / nouvelle – vieux / vieille gros / grosse – frais / fraîche*
  - *beau / bel (un bel **homme**) - vieux / vieil (un vieil **arbre**) - nouveau / nouvel (le nouvel **an**)*

b. Place

Règle générale : **après** le nom	*une personne intéressante*
Avant le nom	bon – mauvais – grand – petit – long – court – jeune – vieux – vrai faux – beau – joli – nouveau – premier – dernier *Quelle belle journée ! – C'est une jolie fille.*
Avant ou après le nom avec changement de sens	*C'est un garçon curieux* (= indiscret) *C'est un curieux garçon* (= bizarre) *Un ancien petit ami* (= que j'avais avant) *Un meuble ancien* (= une antiquité)

1. **Associez les adjectifs avec les noms. Attention à la place ! Pensez à faire l'accord.**
Exemple : *une famille extraordinaire.*
Noms : une porte, un devoir, une famille, une occasion, un copain, ces bateaux, les rues, une lettre
Adjectifs : extraordinaire, sportif, nul, vieux, beau, heureux, gentil, ancien

2. **Mon oncle est beau, grand, amusant, gentil, généreux, adorable, génial. Mais il est aussi secret, têtu, obstiné et jaloux. Ma tante est exactement comme lui :**
elle est ....

La comparaison

- avec un **adjectif** : *Il est **plus/moins/aussi** grand que moi.*
- avec un **adverbe** : *Il court **plus/moins/aussi** vite que moi.*
- avec un **nom** : *Nous avons **plus de/moins de/autant de** travail que vous.*
- avec un **verbe** : *Ils travaillent **plus/moins/autant** que nous.*

3. **Terminez les phrases comme dans l'exemple.**
Exemple : Il court vite mais je cours (+) … *vite que lui.*
a. Elle travaille beaucoup mais je travaille (–) b. Il est grand mais je suis (=) … c. Tu parles beaucoup mais je parle (=) … d. Ils ont des livres mais j'ai (+) … e. Tu danses bien mais je danse (+) … f. Vous avez un bon accent mais j'ai un (+)…

Les temps du passé

- On utilise **l'imparfait** pour :
  - une description : *Il y **avait** des meubles anciens. Il **faisait** beau.*

– une habitude, une répétition : *Tous les matins, je **prenais** le bus près de chez moi.*

– une action en cours de réalisation : *Je **marchais** dans la rue quand j'ai rencontré Sylvie.*

– faire référence au passé globalement, sans période précise : *Avant, je **fumais**.*

● On utilise **le passé composé** pour :

– une action ponctuelle : *Je **me suis levé** à 8 heures.*

– une action limitée dans le temps : *Elle **a habité** à Paris pendant 10 ans.*

● On utilise **le plus-que-parfait** pour se référer à une période antérieure au passé composé ou à l'imparfait : *Comme je suis arrivé le dernier, tout le monde **s'était** déjà **installé**.*

● Après l'auxiliaire *être*, ne pas oublier d'accorder le participe avec le sujet au féminin et/ou au pluriel : *il est all**é** ; elle est allé**e** ; ils sont allé**s** ; elles sont allé**es**.*

---

4. **Accordez les participes si nécessaire.**

Hier, avec mes parents, nous nous sommes promené… dans la forêt. Ma petite sœur est tombé… et elle a pleuré…. Notre chienne est parti… et elle ne voulait plus revenir. Finalement, nous sommes tous rentré… à la maison. Ma mère et ma sœur sont sorti… pour faire une course. Mon père et mon frère sont resté… devant la télé. J'étais fatigué, je me suis reposé… au jardin.

5. **Mettez les verbes entre parenthèses au passé.**

Quand Christine … *(être)* enfant, elle … *(passer)* toujours ses vacances en Bretagne. En 2000, elle … *(se marier)* avec Bruno. Ensemble, ils … *(partir)* plusieurs fois en voyage à l'étranger. Deux ans plus tard, comme Bruno … *(ne pas connaître)* la Bretagne, ils … *(décider)* de se rendre dans cette région. Leur hôtel … *(être)* au bord de la mer. Juste à côté, il y … *(avoir)* un très bon restaurant où ils … *(déjeuner)*. Un jour, ils … *(aller)* sur une île qu'elle … *(visiter)* avec ses parents quand elle … *(être)* petite.

■ **Les expressions de temps**

● **Depuis** indique le moment de départ d'une action qui a commencé dans le passé mais continue jusqu'à maintenant : *Il habite là **depuis** 20 ans. Il n'a pas téléphoné **depuis** longtemps.*

● **Pendant** indique la durée d'une action réalisée ou à réaliser : *Nous avons attendu **pendant** une heure. Nous allons partir **pendant** 15 jours.*

● **Il y a** indique quelle durée nous sépare d'une action passée : *Elle a téléphoné **il y a** une heure.*

● **Dans** indique quelle durée nous sépare d'une action future : *Ils arrivent **dans** 10 minutes.*

● **En** indique le temps nécessaire pour réaliser une action : *Ils ont fait les travaux **en** une semaine.*

● **Pour** indique la durée prévue d'une action : *Elle est partie **pour** 15 jours.*

---

6. **Complétez avec une expression de temps.**

a. Elle cherche un appartement … 3 mois. b. Il a écrit son mémoire … 8 mois. c. Nous sommes restés chez nous … tout le week-end. d. Quelqu'un est passé … une heure. e. Il était parti … deux ans, mais il a dû revenir après un an. f. Nous ne sommes pas encore prêts, revenez … une demi-heure.

■ **Le passif**

Le complément devient sujet. On ajoute l'auxiliaire *être* (ne pas oublier l'accord du participe) : *Marconi a inventé la radio.* → *La radio a été inventée par Marconi.*

---

7. **Transformez au passif.**

a. La médecine fait des progrès. b. Picasso a peint ce tableau. c. Ses grands-parents ont élevé Julie. d. On a fait une découverte importante. e. On arrêtera le coupable.

■ Le futur simple

8. **Mettez les verbes entre parenthèses au futur simple et notez le chiffre correspondant à la valeur de ce temps.**

1. une prévision   2. un événement fixé à l'avance   3. un ordre   4. une résolution, une promesse.

a. Tu … *(fermer)* la porte en partant. (…) b. Il … *(faire)* beau sur l'ensemble du pays. (…) c. Si tu travailles bien, tu … *(avoir)* un cadeau. (…) d. Ne t'inquiètes pas, tout … *(se passer)* bien. (…) e. Nous … *(aller)* voir nos parents la semaine prochaine. (…) f. Je ne … *(dire)* plus de gros mots. (…)

■ Les pronoms personnels

Pronoms réfléchis (verbes pronominaux)	me/m' – te/t' – se/s' nous – vous – se/s'	*Ils se posent des questions. Je m'amuse bien.*
Pronoms compléments directs (verbes sans « à »)	me/m' – te/t' – le, la/l' nous – vous – les	*Nous les comprenons. Elle l'admire.*
Pronoms compléments indirects (verbes avec « à »*)	me/m' – te/t' – lui nous – vous – leur	*Nous leur parlons. On lui pose des questions.*
Pronoms renforcés (après des prépositions, des comparaisons ou pour insister)	moi – toi – lui, elle nous – vous – eux, elles	*On va chez elle. Elle est plus gentille que lui. Eux, ils ne veulent pas.*

* « Penser » et quelques autres verbes sont suivis de pronoms renforcés :
  On a pensé à elle.

9. **Faites dix phrases pour décrire vos relations avec votre voisin(e), avec vos amis en utilisant des pronoms personnels et les verbes suivants :**

connaître – voir – parler – discuter avec – envoyer des messages – téléphoner – aider – aller chez – s'amuser avec – faire plaisir – inviter – acheter des cadeaux.

Exemple : *Ma voisine ? Je ne la vois jamais.*

■ Le discours indirect

Style direct	Style indirect au présent	Style indirect au passé
« Je **veux** te parler. » (présent)	Elle dit qu'**elle** veut **me** parler.	Il a dit qu'il **voulait** me parler. (imparfait)
« On **a vu** ce film avec vous. » (passé composé)	Ils disent qu'**ils** ont vu ce film avec **nous**.	Ils ont dit qu'ils **avaient vu** ce film avec nous. (plus-que-parfait)
« Elle **va revenir** demain. » (futur proche)	Il dit qu'**elle** va revenir demain.	Il a dit qu'elle **allait revenir** demain. (« aller » à l'imparfait)
« Vous **dînerez** avec nous ? » (futur simple)	Ils demandent **si nous** dînerons avec **eux**.	Ils ont demandé **si nous** **dînerions** avec eux. (conditionnel)
« Ouvre la porte ! »	Il me demande **d'ouvrir** la porte.	Il m'a demandé **d'ouvrir** la porte.
« Qu'est-ce que tu fais ? »	Il me demande **ce que** je fais.	Il m'a demandé **ce que** je faisais.

10. **Transformez cette conversation entre Pascale et son amie Valérie en discours indirect.**

– Aide-moi, s'il te plaît !

– Mais qu'est-ce que tu vas faire avec tous ces vêtements ?

– Je vais aller chez Véronique.

– Est-ce que tu as l'intention de lui donner tout ça ?

– Nous avons décidé de faire une soirée avec d'autres filles qui apporteront aussi les vêtements qu'elles ne veulent plus porter et nous ferons des échanges.

Pascale a demandé à ....

Évaluation

1. **Dites le contraire en utilisant des mots de sens opposé.**

Laurent est ennuyeux et, en plus, il est très pessimiste, mais il est très patient avec ses amis. Le travail occupe une grande place dans sa vie : il est très travailleur.

2. **Complétez cette histoire.**

Ce jour-là, Éric avait m... à la tête. Il avait pris des ... sans résultat. Avant de ... dans le train, il a oublié de c... son billet : le ... est passé et lui a fait payer une amende.

1. **Complétez ce récit avec des pronoms personnels, puis récrivez le récit au passé.**

Il est 8 heures du soir, Julien rentre chez .... Il veut retirer 40 euros parce qu'il n'a plus d'argent sur .... Il sort sa carte quand soudain, il sent quelque chose dans son dos et entend la voix d'un homme qui ... dit : « Pas 40, mais 1 000 ! » Il se met à trembler. Tout à coup, l'homme derrière ... tombe par terre. Il ... retourne : le gangster est assommé. La femme qui habite au-dessus de la banque ... a jeté un pot de fleurs sur la tête !

2. **Complétez avec un pronom relatif** *(qui, que, où)*.

L'histoire ... est arrivée à un de mes amis est incroyable : le jour ... il a passé son permis de conduire, un homme ... il ne connaissait pas lui a demandé s'il voulait jouer dans un film.

3. **Complétez avec le futur et un comparatif.**

Ex : Cette année, je ne t'ai pas beaucoup aidé, mais l'année prochaine, *je t'aiderai plus*. (+)
a. J'ai fait beaucoup de sport cette année et j'espère que l'année prochaine, ... (=)
b. J'ai mangé beaucoup de sucreries cette année, mais l'année prochaine, ... (–)
c. Je n'ai pas eu beaucoup de temps pour voir mes amis cette année, mais l'année prochaine, ... (+)

COMPRÉHENSION ORALE

◉◉ Écoutez l'enregistrement.
a. Des quatre personnes interviewées (Christophe, Séverine, Jean et Marine), lesquelles sont « pour » ou « contre » le portable ? Pour quelles raisons ?
b. Réécoutez et rapportez les paroles de Jean au présent, puis au passé.

EXPRESSION ÉCRITE

Êtes-vous « pour » ou « contre » les portables ? Justifiez votre opinion.

Présenter une région

1 Objectifs

■ Faire des recherches, décrire et raconter.

2 Projet

■ Vous allez faire une brochure touristique qui comprendra :
– un historique de la région ;
– un descriptif de la région aujourd'hui ;
– des suggestions de visites, d'excursions ;
– des spécialités culinaires, artistiques ou artisanales ;
– des informations pour se rendre dans cette ville ;
– d'autres informations que vous jugerez utiles.

3 Organisation

■ Constituez des groupes de 5 à 6 personnes. Chaque groupe doit faire sa brochure. À l'intérieur de chaque groupe, on se partage le travail : un va faire des recherches historiques, un autre s'occupera des spécialités régionales, etc.

■ Pour trouver des informations :
– allez à l'office de tourisme, à la mairie ou à la bibliothèque ;
– posez des questions à votre professeur d'histoire ou aux personnes âgées ;
– faites des recherches sur Internet.

■ Cherchez des illustrations : cartes postales anciennes et récentes, photos et dessins.

4 Réalisation

■ Quand toutes les recherches sont finies, chaque groupe se réunit pour :
– décider du nombre de pages pour chaque partie ;
– donner un titre à chaque partie ;
– choisir les illustrations.

5 Présentation

■ Chaque groupe présente, en la lisant, sa brochure à la classe, puis la fait circuler pour que chacun puisse l'examiner.

■ Ensuite, la classe vote : chacun attribue une note de 1 à 20. On fait la moyenne des notes pour voir qui a gagné le concours de la meilleure brochure.

Un projet en Afrique

VOICI VOTRE CONTRAT D'APPRENTISSAGE
dans ce module vous allez apprendre à :

objectifs communicatifs

- ■ Participer à une discussion
  - Débattre
  - Insister
  - Donner des explications
- ■ Prendre position
  - Exprimer sa volonté ou son refus
  - Exprimer ses sentiments
- ■ Porter des jugements
  - Critiquer
  - Exprimer la certitude

Savoir-faire

- ■ Comprendre :
  - une discussion ou un débat entre plusieurs personnes
  - les sentiments et les jugements des autres
  - des documents écrits (poème, invitation, programme d'activités, critiques de films, courriel)
- ■ Parler de ses opinions et de ses sentiments
- ■ Écrire :
  - une publicité, une photo ou un tract
  - un poème
  - un questionnaire
  - une critique de film ou de livre

Structure et grammaire

- ■ La tournure d'insistance
- ■ L'expression de la cause
- ■ Le subjonctif
- ■ Les pronoms démonstratifs
- ■ Les pronoms relatifs composés et « dont »

Contenus socioculturels

- ■ Les associations humanitaires
- ■ Paris et la banlieue
- ■ La francophonie
- ■ Les fêtes et les traditions
- ■ La publicité

À la fin du module, faites le test dans le cahier d'exercices pour évaluer votre apprentissage.

Leçon 6 Envie d'agir

DÉCOUVREZ

1. Observez le dessin.

2. ◉◉ Écoutez le dialogue.

Béatrice Leclerc a créé l'association «Agir Ensemble» qui soutient des projets humanitaires. Elle est en réunion avec ses collaborateurs.

BÉATRICE : C'est pour choisir notre prochain projet que nous sommes ici.

CÉCILE : D'abord, il y a le tourisme équitable en Afrique.

RÉMI : Vous ne croyez pas qu'il est temps de nous occuper aussi des banlieues où les problèmes sont nombreux ?

BÉATRICE : En effet, mais est-ce qu'on a les moyens nécessaires ?

RÉMI : En banlieue, je suis persuadé qu'on peut faire beaucoup avec un budget limité. Il s'agit surtout d'écouter les besoins et d'organiser.

CÉCILE : C'est vrai, mais pour notre projet en Afrique, ce qui est le plus urgent, c'est le financement.

BÉATRICE : Donc, démarrons le projet «banlieue», dont tu t'occuperas, Rémi, et cette semaine, je vais voir des entreprises pour trouver des aides. Je crois que c'est bien parti…

3. Répondez aux questions.

a. Que savez-vous de «Agir Ensemble» ?
b. Quel est le thème de la discussion ?
c. Résumez le point de vue de Rémi, puis celui de Cécile. d. Quelle décision est finalement prise ?

MANIÈRES DE DIRE

débattre

un débat • un thème de discussion • un sujet • un argument • une polémique

nous devons parler de • nous avons déjà discuté de • nous avons eu une discussion sur • à propos de • au sujet de

en ce qui concerne • voyons maintenant • de quoi s'agit-il ? • pour commencer • je voudrais ajouter que • de plus • par ailleurs • finalement • en conclusion • pour conclure

VOCABULAIRE

l'argent

le montant • la somme • le financement • les moyens • les fonds • un crédit • une dette

ouvrir un compte • prêter • emprunter • rendre • rembourser

le fric *(familier)* • payer en liquide, en espèces • je suis fauché *(familier)* • je n'ai plus un sou *(familier)*

Complétez le dialogue avec des mots du tableau.

SÉBASTIEN : Salut, Patrice.

PATRICE : Salut, tu viens avec nous au ciné ?

SÉBASTIEN : Tu sais, je n'ai plus d'argent, je n'ai plus un …, je suis … en ce moment.

PATRICE : Ça peut s'arranger ! Je vais te … 20 euros, tu pourras me les … plus tard.

SÉBASTIEN : D'accord, c'est sympa, je vais te … la semaine prochaine. Les bons comptes font les bons amis !

GRAMMAIRE

■ La mise en relief

Phrases de départ	Phrases avec mise en relief
J'ai acheté cette lampe en Espagne.	C'est une lampe que j'ai achetée en Espagne.
Ton frère a appelé.	C'est ton frère qui a appelé.
Ce sujet est intéressant.	Ce qui est intéressant, c'est le prix.
J'adore les voyages à l'aventure.	Ce que j'adore, ce sont les voyages à l'aventure.

1. Transformez selon le modèle : « J'adore ce livre. » → « C'est un livre que j'adore. »

a. Il a déjà posé cette question. b. J'ai vu ce film en vacances. c. Cette dame cherche son fils. d. Ce monsieur habite au-dessus de chez moi. e. Ils ont choisi ce modèle ?

2. ◖● Écoutez et transformez comme dans les exemples :

« J'adore le surf. » → « Ce que j'adore, c'est le surf. »

« Son attitude m'énerve. » → « Ce qui m'énerve, c'est son attitude. »

PRONONCEZ

◖● Écoutez, répétez et indiquez le ton exprimé.

	ton neutre	insistance
Si, si, il va à Toulouse !		X
Tu peux rester, si tu veux…	X	

COMMUNIQUEZ

1. Travaillez à deux. Choisissez un sujet :
- L'argent, c'est la seule chose qui me motive dans la vie.
- L'aide à l'Afrique coûte trop cher.
- Travailler, c'est bon pour la santé.

Demandez à votre camarade s'il est d'accord. Écoutez ses arguments puis essayez de le faire changer d'avis.

2. Débat.

Choisissez un thème : interdire la vente du tabac, démolir la tour Eiffel, supprimer les accents écrits en français, payer très cher certains sportifs. Répartissez-vous en deux équipes : l'une cherche des arguments « pour » et l'autre « contre ». Préparez la liste d'arguments. Chacun exprimera un argument.

1. Lisez le texte suivant.

Le commerce équitable

De plus en plus de consommateurs se disent prêts à boycotter les produits fabriqués dans des usines où les enfants sont exploités, où les droits des travailleurs ne sont pas respectés, où la production détruit l'équilibre écologique, jugeant qu'il est immoral de favoriser ce type de commerce. D'autre part, 76 % des Français déclarent qu'ils accepteraient de payer plus cher un produit importé d'un pays pauvre s'ils étaient sûrs que les travailleurs ont perçu une juste rémunération (sondage BVA, octobre 2002). Cela signifie-t-il que le prix et la qualité ne sont plus les seuls critères qui déterminent le choix du client ?

Changez le destin d'un village rien qu'en allant faire vos courses.

MAX HAVELAAR le label du commerce équitable

MAX HAVELAAR

association loi 1901, soutenue par le Ministère des Affaires Étrangères et la Commission Européenne
41 rue Émile Zola, 93 107 Montreuil Cedex

Le « commerce éthique », appelé aussi « commerce équitable », est-il une mode passagère ou une réelle prise de conscience de la responsabilité morale du consommateur ? Ce type de commerce arrivera-t-il à se développer dans un monde souvent dominé par la loi du plus fort ?

C'est le pari que fait l'association Artisans du Monde, depuis 1981, en lançant des campagnes d'information dont l'objectif est de militer pour un changement dans les règles et les pratiques du commerce international. Son réseau d'une centaine de magasins distribue des produits artisanaux et alimentaires venant de pays ou de régions défavorisées et permet à des dizaines de milliers de paysans et d'artisans de vivre dignement de leur travail.

Le commerce équitable est donc un partenariat commercial basé sur le dialogue, la transparence et le respect, entre un producteur – généralement des petites entreprises familiales ou des ateliers de villages – et un acheteur qui propose un prix garanti, quelles que soient les fluctuations du marché. Les produits équitables, grâce à des circuits de distribution plus courts, restent d'un prix abordable.

Aujourd'hui, ils commencent à gagner les grandes surfaces. Le consommateur, par son choix, va ainsi transformer son pouvoir d'achat en pouvoir d'agir et devenir un « consommacteur ».

PRATIQUEZ

2. Trouvez dans le texte :
– le contraire de « prix excessif » ;
– le synonyme de « salaire équitable ».

3. Vrai ou faux ?

a. La majorité des Français boycottent les produits importés des pays pauvres. **b.** La majorité des Français veulent qu'on paye correctement les producteurs. **c.** La majorité des Français choisissent les produits les moins chers.

4. Cochez les bonnes réponses.
Un artisan :

☐ est un travailleur indépendant.

☐ créé des œuvres d'art.

☐ travaille de ses mains.

☐ fait un travail intellectuel.

☐ travaille pour une grande entreprise.

5. Répondez aux questions.

a. D'où viennent les produits « équitables » ? **b.** Sont-ils chers ? **c.** Pourquoi les consommateurs achètent-ils ces produits ? **d.** Quelles garanties le commerce équitable apporte-t-il au producteur ? **e.** Aviez-vous déjà entendu parler du commerce équitable ? Que pensez-vous de cette nouvelle forme de commerce ?

6. Décrivez la photo.

7. Soulignez dans le texte les phrases qui correspondent au slogan de cette publicité.

8. Faites une publicité pour vendre un produit équitable (par exemple du café, du thé, du riz, des objets de décoration, etc.).
– Décrivez la photo ou le dessin que vous choisirez pour cette publicité.
– Inventez un slogan.

GRAMMAIRE

▨ **Le pronom relatif «dont»**

Il remplace :

le complément d'un **verbe** suivi de « de »	Nous avons parlé **de** ce sujet. Ce sujet est intéressant.	Le sujet, **dont** nous avons parlé, est intéressant.
le complément d'un **adjectif** suivi de « de »	Il est responsable **d'**un magasin. Ce magasin vend des produits éthiques.	Le magasin, **dont** il est responsable, vend des produits éthiques.
le complément d'un **nom** suivi de « de »	Le prix est fixe. Une partie **de** ce prix revient au producteur.	Le prix, **dont** une partie revient au producteur, est fixe.

« Dont » a aussi le sens de « parmi » :
Une centaine de magasins, dont trente sont à Paris, distribuent ces produits. = *Trente des cent magasins sont à Paris.*

Faites une seule phrase en utilisant « dont ». Exemple : *Voici les renseignements. Vous avez besoin de ces renseignements.* → *Voici les renseignements dont vous avez besoin.*

a. C'est une ville. J'ai oublié le nom de cette ville.
b. Les villageois nous ont montré leur coopérative. Ils étaient fiers de leur coopérative.
c. Nous avons apporté des médicaments. Ces populations ont besoin de ces médicaments.
d. Dans cette usine travaillaient des enfants. Certains de ces enfants avaient moins de 10 ans.
e. Ils ont fondé une association. Le but de cette association est de soutenir des projets de développement.
f. Le centre accueille des artisans de toute la région. Marie s'occupe de ce centre.
g. Les conditions de travail sont très dures. Ils se plaignent de ces conditions de travail.
h. Ce sont les coutumes de cette région. Il faut respecter l'originalité de ces coutumes.
i. Ce voyage n'a duré que deux semaines. Je garde un souvenir merveilleux de ce voyage.
j. Cette île est un vrai paradis. On parle peu de cette île.

1 Lisez le texte.

LES ASSOCIATIONS HUMANITAIRES

Issues de la société civile, les organisations non gouvernementales (ONG), indépendantes des États, créent un lien direct de société à société, d'individu à individu.

Médecins Sans Frontières (MSF)

Depuis 1971, cette organisation vient en aide à des populations en détresse. Elle apporte une assistance médicale, mène des programmes d'accès aux soins et de lutte contre les maladies infectieuses. Après des guerres ou des catastrophes, elle assure aux réfugiés la distribution de nourriture, la construction d'abris, le traitement de l'eau et des déchets.

La Fondation de France

a été créée en 1969 pour aider les personnes, les entreprises et les associations à réaliser des projets philanthropiques, culturels et scientifiques. Elle collecte des dons et finance des projets dans cinq grands domaines : solidarité, santé, recherche médicale, culture et environnement. En 2002, elle a attribué des subventions, prix et bourses d'un montant total de 58,5 millions d'euros.

Les Restaurants du Cœur

ont été fondés en 1985 sur une idée de Coluche, humoriste très populaire à l'époque, pour distribuer des repas gratuits dans les grandes villes. Coluche a utilisé son accès aux médias pour faire appel aux dons. Des chanteurs participent chaque année à un spectacle au profit de l'association. La première année, entre décembre et mars, 5 000 bénévoles ont distribué 8,5 millions de repas. Le 19 juin 1986, Coluche est mort dans un accident de la route mais son initiative continue. Pendant l'hiver 2002-2003, 61 millions de repas ont été distribués grâce à 33,3 millions d'euros de dons reçus.

2 Répondez aux questions.

1. Complétez le tableau :

	Médecins sans frontières	Fondation de France	Restaurants du cœur
Année de création			
Action			
Montant global des aides			

2. Les restaurants du cœur sont-ils ouverts toute l'année ?

3. Complétez chaque phrase avec un mot du texte.

    a. Cette association essaye d'améliorer la vie des gens, elle a un but p...

    b. Il a envoyé de l'argent à une organisation humanitaire, il a fait un d...

    c. Il travaille sans salaire, il est b...

4. Quelle autre organisation humanitaire, gouvernementale ou non, connaissez-vous ? Décrivez ses actions.

5. Imaginez que vous créez une association humanitaire. Expliquez son rôle.

DELF • cadre européen

ÉCRIT

Lisez le texte suivant.

ZOOM SUR LE LIVRET JEUNE

Le Livret Jeune est un moyen idéal
de préparer un projet à court terme en mettant un peu d'argent
de côté, tout en le gardant disponible.

Épargnez à votre rythme

▶ Versez sur votre Livret Jeune ce que vous voulez, quand vous
le voulez[1].

▶ Vous souhaitez une alimentation automatique ? Fixez à la
souscription le montant qui doit être viré chaque mois depuis
votre compte chèques.

▶ Vous pouvez épargner jusqu'à 1 600 €.

Profitez de votre argent simplement

▶ Faites des virements vers votre compte chèques ou retirez les
espèces dont vous avez besoin[1] au guichet de votre agence.

▶ Suivez vos comptes régulièrement avec les relevés mensuels.

Encaissez des bénéfices

▶ Vous bénéficiez d'un taux d'intérêt de 4 %[2] par an nets d'impôt.

▶ Vos intérêts sont versés en fin d'année.

▶ A noter : vos intérêts sont calculés par période de 15 jours.
Vous avez donc tout intérêt à effectuer vos versements avant le
16 ou le 1er du mois, et vos retraits après le 15 ou le 30 !

(1) dépôt initial et retraits de 15 € minimum.
(2) taux en vigueur au 01/01/2003.

BNP PARIBAS

1. **Répondez aux questions suivantes.**
a. Qui publie ce document ? b. Qui peut
être intéressé par ce document ?

2. **Trouvez dans le texte des expressions
synonymes de :**
a. économiser
b. une somme
c. l'argent liquide
d. transférer de l'argent
e. une fois par mois

3. **Vrai ou faux ?**
a. Il est possible de verser de l'argent
sur le livret quand on veut.
b. On peut économiser jusqu'à
2 600 euros.
c. On peut retirer de l'argent quand on
veut.
d. On doit payer des impôts sur les
intérêts.
e. Les intérêts sont versés tous les
3 mois.

4. **Résumez les avantages de ce livret.**

5. **Commentez cette
affirmation :
« On ne peut rien faire
sans argent. »**

ORAL

👂 Écoutez l'enregistrement.

1. **Quelle question le journaliste pose-t-il ?**

2. **Que répondent les personnes ? Remplissez la grille.**

	OUI	NON	À quel âge ?	Pourquoi ?
1re personne				
2e personne				
3e personne				

3. **Que doivent faire les enfants, selon le
père, pour avoir de l'argent de poche ?**

4. **Qu'a-t-il offert à son fils ? Pourquoi ?**

5. **Que dit la mère au sujet de sa fille ?**

6. **Quel est votre avis sur l'argent de poche ?**

leçon 7

Les jeunes de

DÉCOUVREZ

1. Observez le dessin.

2. ◉◉ Écoutez le dialogue.

Rémi est allé en banlieue pour rencontrer des jeunes et parler avec eux de nouveaux projets.

RÉMI : Vous allez m'expliquer ce qui ne va pas dans votre quartier et ce que vous proposez de faire.

SAM, UN JEUNE : Il faut qu'on nous donne un local pour se retrouver, faire de la musique, parce que maintenant, on n'a que les caves.

UN AUTRE JEUNE : Oui, et il faut qu'on l'isole bien, à cause du bruit.

RÉMI : Vous êtes sûrs que vous êtes prêts à participer aux travaux, à repeindre les murs ?

LES JEUNES : Oui...

SAM : Évidemment, certaines personnes ne nous aiment pas beaucoup, parce qu'elles pensent qu'on est des voyous. Pour mieux se connaître, on pourra organiser des petits concerts, des fêtes.

RÉMI : Bon, moi, je veux bien, mais il faut que vous trouviez le local. Et pas question

de faire de bêtises dedans. Sinon, on arrête tout. On est bien d'accord ?

LES JEUNES : Pas de problème !

3. Répondez aux questions.
   a. Vrai ou faux ?
   – Rémi parle avec des jeunes qui habitent dans des caves.
   – Ces jeunes sont prêts à faire des travaux dans leur cité.
   – Ils sont tous des voyous.
   b. Pourquoi les jeunes demandent-ils un local ?
   c. Pourquoi veulent-ils organiser des fêtes ?

MANIÈRES DE DIRE

la certitude

c'est/il est vrai / évident / clair / certain / sûr que… • il n'y a pas de doute • ça ne fait aucun doute • j'en suis persuadé • j'en suis convaincu • évidemment

attention : sans doute = c'est probable ; sans aucun doute = c'est certain

---

banlieue

VOCABULAIRE

les problèmes sociaux

la pauvreté • la misère • le chômage
• l'illettrisme • la solitude •
le racisme • l'alcoolisme • la drogue
• l'indifférence • la délinquance •
la violence • les agressions
• les voyous • les bandes •
le racket • l'insécurité

Complétez ce dialogue avec des mots du tableau.
Des amis discutent :
Il y a des quartiers de banlieue où la vie est vraiment difficile. Beaucoup de gens n'ont pas d'emploi, ils sont au .... Pour sortir de la ..., certains jeunes vendent de la ... pour gagner de l'argent rapidement, la ... augmente dans certains quartiers qui ne sont plus sûrs. De plus, certains habitants détestent les gens qui ont une origine différente : cette attitude est du ....

GRAMMAIRE

■ **Le subjonctif après « il faut »**

« Il faut » est suivi :
■ de l'infinitif si le sujet de l'action n'a pas besoin d'être exprimé : *Il faut travailler.*
■ du subjonctif quand le sujet doit être précisé : *Il ne faut pas que j'arrive en retard.*

Présent de l'indicatif	Subjonctif présent
ils, elles regardent → regard / ent	il faut que je regarde
	il faut que tu regardes
	il faut qu'il, qu'elle, qu'on regarde
	il faut qu'ils, qu'elles regardent
Imparfait de l'indicatif	**Subjonctif présent**
nous regardions	il faut que nous regardions
vous regardiez	il faut que vous regardiez

1. **Travaillez à deux. L'un fait une phrase avec « je » sur le modèle : « Il faut que je cherche une solution ! » L'autre répond : « C'est vrai, il faut que nous cherchions une solution ! »**
« Il ne faut pas que j'oublie son anniversaire. » → « C'est vrai, il ne faut pas que nous oubliions son anniversaire. »
Exemples : *progresser en grammaire, améliorer sa prononciation, commencer à l'heure, envoyer une carte postale, répéter toujours la même chose...*

2. **◉ ● Écoutez et transformez : « Tu dois te réveiller ! » → « Il faut que tu te réveilles ! »**

PRONONCEZ

1. **◉ ● Le mot contient le son [o] ou le son [ɔ] ? Mettez une croix.**

	[o]	[ɔ]
pot	X	
port		X

2. **◉ ● Répétez, puis supprimez la consonne finale :**
donne → dos

3. **◉ ● Écoutez, puis répétez le plus vite possible :**
Le téléphone sonne, je décroche, c'est Léo. Il dit trop de gros mots !

COMMUNIQUEZ

1. **Travaillez à deux. Votre voisin est bruyant, vous lui parlez. Faites des phrases avec :**
passer l'aspirateur, baisser le son, enlever ses chaussures, bricoler le samedi matin, parler fort.
Il essaie de se justifier.
« Il ne faut pas que vous passiez l'aspirateur après 22 h ! »
→ « Je rentre tard du travail, il faut bien que je nettoie la maison ! »

2. **Choisissez un problème social dans le tableau de vocabulaire et proposez des solutions en utilisant les verbes :**
écouter, aider, créer, informer, développer, encourager, sensibiliser...

1. **Lisez le texte suivant.**

Du rap contre la violence

Comme elles avaient décidé de ne plus se taire, de dénoncer les insultes, les coups, les humiliations, comme ils en avaient assez de l'image négative des caïds de banlieue, il fallait qu'ils trouvent une voie pour marcher ensemble. D'une seule voix, sur une musique percutante et incisive, ils ont décidé de dénoncer une injustice : la violence infligée aux femmes des cités. Ils sont une dizaine, tous élèves de deux lycées professionnels d'Évry, dans la région parisienne. Pour la bonne cause, ils ont écrit 13 chansons de rap compilées sur un CD dont les bénéfices seront reversés à l'association « Femmes solidaires ». Ils vivent dans des quartiers connus pour les affrontements entre bandes rivales. Les filles n'osent parfois plus sortir de chez elles à cause des agressions verbales et physiques dont elles sont victimes quotidiennement. De jeunes sexistes, sous prétexte de traditions, veulent les renvoyer dans l'espace familial et se réserver l'espace public. Mais Schérazade, Cécile, Ben, Thierry veulent montrer que « tous les mecs ne tolèrent pas que les filles soient maltraitées, ni même insultées ».

Tout a commencé après les attentats du 11 septembre. Ben, un éducateur, décide de créer un atelier « Rap » : l'écriture est l'occasion pour chacun de raconter ses expériences, d'exprimer ses espoirs ou ses angoisses. C'est alors que les filles, qui avaient l'habitude de croiser les garçons dans la cité dans un climat de peur, de ten-

sion et de méfiance, découvrent que beaucoup n'approuvent pas le comportement agressif des machos du quartier. « Cela nous a vraiment fait chaud au cœur qu'ils nous comprennent », disent Cécile et Shérazade. Certains même n'hésitent pas à se remettre en question. « C'est pas avec la haine qu'on prouve sa virilité », scandent-ils dans une de leurs chansons, « Femme dans l'ombre ».

Car ce qui avait commencé comme un atelier d'écriture devient une grande aventure. La région Ile-de-France leur accorde 2 300 euros d'aide pour que le projet du CD voie le jour et la ville d'Évry prête ses locaux et du matériel technique pour le mixage. La réussite de ces jeunes, décidés à se battre contre le sexisme et les violences conjugales, rejoint d'autres initiatives : la longue marche des femmes des quartiers avait déjà réuni, du 1er février au 8 mars, des centaines de jeunes filles et de femmes qui ont traversé 23 villes de France pour affirmer leur volonté de se battre contre les ghettos et pour l'égalité entre les sexes.

Source : *Le Journal du dimanche* (09/03/03).

PRATIQUEZ

2. **De quelle violence parle-t-on ? Cochez les bonnes réponses.**

☐ la violence de la population contre les jeunes

☐ la violence des parents contre les jeunes

☐ la violence des garçons contre les filles

☐ la violence de la population contre les immigrés

☐ la violence des hommes contre les femmes

3. **Expliquez le titre.**

4. **Trouvez dans le texte les synonymes de :**
a. un garçon (en langage familier) : ...
b. un chef de bande : ... **c.** maître : ...
d. sexiste : ...

5. **Répondez aux questions.**
a. Où habitent ces jeunes ? **b.** Qu'ont-ils décidé de faire ? **c.** Pourquoi ? Expliquez en détail les raisons qui les ont poussés à agir.

d. Ont-ils été aidés ? Si oui, par qui ? Comment ? **e.** Quels sont leurs objectifs ? **f.** Existe-t-il d'autres actions qui poursuivent le même objectif ? **g.** Comment expliquer, selon vous, l'attitude négative des garçons à l'égard des filles ? **h.** Ce phénomène existe-t-il dans votre pays ? Expliquez.

6. **Relevez tous les mots en rapport avec la ville.**

7. **Trouvez deux noms dans le texte qui se prononcent de la même manière. Que signifient-ils ?**

8. **Soulignez toutes les mots exprimant la cause.**

ÉCRIVEZ

Rédigez un tract que vont distribuer les manifestantes de la marche des femmes pour expliquer leur mouvement et exposer leurs revendications (utilisez « il faut » ou « il faut que »).

MANIÈRES DE DIRE

exprimer la cause

à cause de *(idée négative)* • en raison de • grâce à *(idée positive)* • sous prétexte de/que (cause qui n'est pas la cause réelle) • comme (en début de phrase) • parce que • car

la cause • la raison (de) • l'origine

Il est arrivé en retard à cause de la grève.

J'ai obtenu ce poste grâce à lui.

Comme il était tard, nous sommes rentrés. • *Nous sommes rentrés parce qu'il était tard.*

Complétez les phrases avec des mots qui expriment la cause.

a. Je ne peux pas vous dire où habite Mme Rose ... je ne connais pas tous les locataires.

b. Pour quelle ... refusez-vous d'habiter chez vos parents ?

c. ... les loyers sont trop élevés à Paris, nous avons déménagé en banlieue.

d. Nous vous faisons un chèque ... nous n'avons pas d'argent liquide.

e. Merci beaucoup ! ... cette somme, nous allons aider les familles modestes.

f. L'ascenseur est en panne ... d'un problème informatique.

1 Lisez.

PARIS ET SA BANLIEUE

Le boulevard périphérique est une sorte d'autoroute qui entoure Paris et marque la limite entre Paris « intra-muros » (environ 2 millions d'habitants) et la banlieue, où environ 12 millions de personnes sont allés chercher des logements moins chers et un peu de tranquillité. À l'ouest, les banlieues dites « résidentielles » sont principalement constituées de pavillons avec jardin. Au nord se sont développées les cités d'habitations à loyer modéré (HLM), aussi appelées les « grands ensembles », constitués de tours ou de barres d'immeubles construites à partir des années 50. Elles se sont vite détériorées et certains quartiers sont devenus des ghettos où se répand l'insécurité.

Actuellement, 200 000 logements sont considérés par l'administration comme « indignes ».

Un énorme chantier national prévoit, entre 2002 et 2007, chaque année, la démolition de 40 000 logements par an, la rénovation de 40 000 logements et la construction de 80 000 logements sociaux.

Aujourd'hui, 800 000 Franciliens, les habitants de la région parisienne, viennent chaque jour travailler à Paris et 300 000 Parisiens vont travailler en banlieue. De plus, grâce au TGV, des personnes habitant à plus de 100 km de la capitale peuvent se rendre en une demi-heure au centre de Paris.

Une coopération entre la municipalité parisienne et ses voisines est devenue nécessaire pour améliorer la qualité de la vie dans l'agglomération.

2 Répondez aux questions.

1. Faites un schéma pour résumer les informations contenues dans le 1er paragraphe :
   placez « Paris intra-muros »,
   le boulevard périphérique, etc.

2. Quels sont les avantages et les inconvénients d'habiter en banlieue, d'après le texte ?
   Et d'après vous ?
   Donnez les avantages d'habiter en centre-ville, selon vous.

3. Expliquez ce qui vous plaît et ce qui ne vous plaît pas dans la ville où vous habitez.

4. Que faut-il changer dans les villes ?

Lisez le texte suivant puis répondez aux questions.

SLAM

Vous aimez la poésie...
   Vous n'aimez pas la poésie ...
      Venez faire parler votre bouche !

Mode d'emploi

1

Les rencontres de Slam poésie sont ouvertes à tous et à toutes, sans aucune distinction de sexe, de couleur, de religion, de préférence sexuelle, d'apparence et de capacité physique et intellectuelle.

2

Les poètes peuvent traiter de n'importe quel sujet, dans n'importe quel style.

3

Présentez-vous à l'organisateur avant le début de la Slam session.

4

Pas d'instruments de musique ou de musique pré-enregistrée.

5

Pas d'accessoires. La performance repose sur le texte du poète et sa relation avec le public.

6

Pas de costume ni de déguisement.

7

Chaque passage est limité à un texte et à cinq minutes.

8

Un poème dit, un verre offert.

Tous les 3es lundis du mois
Abracadabar
123, av. Jean-Jaurès - 75019 Paris

1. Ce document est-il :
   ☐ une publicité ?
   ☐ une invitation ?
   ☐ une pétition ?

2. À qui s'adresse-t-il ?

3. Qu'est-ce qu'une « Slam session » ?

4. Résumez le mode d'emploi en utilisant « il faut/il ne faut pas que vous... » et les verbes suivants :
   se présenter / utiliser / apporter / se déguiser / se limiter.

Écoutez l'interview et répondez aux questions.

1. Quel est le sujet de l'interview ?

2. Les deux personnes interrogées sont-elles d'accord ? Expliquez.
   – Pour le jeune homme, il faut/il ne faut pas que...
   – Pour la jeune fille, il faut/il ne faut pas que...

3. Faites la liste des droits que les femmes ont obtenus, d'après les deux personnes interrogées.

4. Que doivent-elles faire selon le jeune homme ? et selon la jeune fille ? Pourquoi ?

5. Que se passe-t-il le 8 mars ?

6. Que pensez-vous de l'égalité entre les hommes et les femmes ?

Un projet en

DÉCOUVREZ

1. **Observez le dessin.**

2. ◉● **Écoutez le dialogue.**

Béatrice arrive au Burkina Fasso où elle va mettre en route un projet touristique.

MME DIOULA : Je vous souhaite la bienvenue en Afrique ! Votre vol s'est bien passé ?

BÉATRICE : Oui, merci. Je suis ravie de vous rencontrer enfin.

MME DIOULA : Je vous conduis à votre hôtel. Vous devez avoir envie de vous reposer un peu.

BÉATRICE : C'est gentil, mais je préfère que nous commencions le programme de la journée.

MME DIOULA : Comme vous voulez. Il y a juste un petit changement pour ce soir. Nous avons parlé à notre ministre du Tourisme, il s'intéresse beaucoup à notre projet de village de vacances. Il a accepté que nous allions le voir. Il a organisé une réception avec diverses personnalités. Vous ne pouvez pas refuser !

BÉATRICE : J'accepte, naturellement ! C'est formidable ! Je sens que notre projet va s'envoler !

3. **Répondez aux questions.**

   a. Où se trouve Béatrice ?
   b. A-t-elle déjà vu Mme Dioula ?
   c. Sur quel projet travaille-t-elle ?
   d. Quel est le programme de la soirée ?

Afrique

VOCABULAIRE

un voyage en avion

un avion • atterrir • décoller • un aéroport • un terminal • enregistrer les bagages • la carte d'embarquement • monter à bord • passer le contrôle de sécurité • le contrôle des passeports • la boutique hors taxes • la salle d'embarquement • une hôtesse • un steward • le siège • attacher la ceinture • le décalage horaire

1. Mettez les mots du tableau dans l'ordre pour raconter un voyage en avion.

2. 👂 Écoutez le récit et soulignez dans votre liste les mots entendus.

■ Après les expressions de volonté, on emploie le **subjonctif** si le sujet des deux verbes est différent : *Je veux que **tu** partes* mais *Je veux partir.*

Je préfère **que vous veniez** plus tard.
Ils acceptent **que nous prenions** l'autoroute.
Vous refusez **qu'ils boivent** du vin ?
Nous souhaitons **qu'il prenne** une décision.
Tu aimerais bien **que je parte**.

Je préfère **venir** plus tard.
Ils acceptent de **prendre** l'autoroute.
Vous refusez de **boire** du vin ?
Nous souhaitons **prendre** une décision.
Tu aimerais bien **partir**.

■ Attention aux subjonctifs irréguliers :
Être : que tu sois, que vous soyez
Avoir : que tu aies, que vous ayez
Faire : que tu fasses, que vous fassiez

Aller : que tu ailles, que vous alliez
Pouvoir : que tu puisses, que vous puissiez
Savoir : que tu saches, que vous sachiez

1. Répondez selon le modèle : « Écris la lettre tout de suite ! » → « Je voudrais que tu écrives la lettre tout de suite ! »
a. Sors d'ici ! b. Réussis tes examens ! c. Apprends une deuxième langue ! d. Venez nous voir !
e. Prenez des notes ! f. Ne partez pas maintenant !

2. 👂 Écoutez et transformez comme dans l'exemple :
« Tu restes ici. Je préfère. » → « Je préfère que tu restes ici. »

MANIÈRES DE DIRE

accepter, refuser

je veux bien • j'accepte • avec plaisir • volontiers • bien entendu

c'est gentil mais… • je suis désolé(e) mais… • malheureusement • non merci • je refuse • je ne peux pas accepter ça • pas question • c'est hors de question

1. 👂 Indiquez le son entendu.

	[ø]	[œ]
jeu	X	
jeune		X

2. 👂 Répétez le son entendu, puis supprimez la consonne finale :
« peur » → « peu ».

COMMUNIQUEZ

1. Avez-vous déjà signé une pétition ? Travaillez par petits groupes. Choisissez un sujet :
la pétition des animaux contre les hommes / les habitants d'un village où passent trop de camions / le problème des plantes transgéniques…
Préparez des phrases pour la pétition (variez les expressions) puis lisez-les pour les comparer.
→ *Nous demandons que les hommes arrêtent de nous chasser.*

2. Vous organisez un débat : que voulez-vous améliorer dans le monde actuel (pour l'environnement, la santé, l'enseignement…) ? Discutez.
→ *Je voudrais qu'on prenne des mesures pour diminuer la pollution en ville.*

1. **Lisez le poème.**

Je ne veux plus aller à leur école

Seigneur, je suis très fatigué :
Je suis né fatigué.
Et j'ai beaucoup marché depuis le chant
du coq
Et le morne[1] est bien haut qui mène à
leur école.
Seigneur, je ne veux plus aller à leur
école,
Faites, je vous en prie, que je n'y aille
plus.
Je veux suivre mon père dans les
ravines[2] fraîches
Quand la nuit flotte encore dans le
mystère des bois
Où glissent les esprits que l'aube vient
chasser.
Je veux aller pieds nus par les rouges sentiers
Que cuisent les flammes de midi,
Je veux dormir ma sieste au pied de lourds
manguiers,
Je veux me réveiller
Lorsque là-bas, mugit la sirène des Blancs
Et que l'Usine,
Sur l'océan des cannes
Comme un bateau ancré
Vomit dans la campagne son équipage
nègre...
Seigneur, je ne veux plus aller à leur école,
Faites, je vous en prie, que je n'y aille plus.
Ils racontent qu'il faut qu'un petit nègre y aille
Pour qu'il devienne pareil
Aux messieurs de la ville
Aux messieurs comme il faut.
Mais moi je ne veux pas

Devenir comme ils disent,
Un monsieur de la ville,
Un monsieur comme il faut :
Je préfère flâner le long des sucreries
Où sont les sacs repus[3]
Que gonfle un sucre brun autant que ma peau
brune.
Je préfère vers l'heure où la lune amoureuse
Parle bas à l'oreille des cocotiers penchés
Écouter ce que dit dans la nuit
La voix cassée d'un vieux qui raconte en fumant
Les histoires de Zamba et de compère Lapin
Et bien d'autres choses encore
Qui ne sont pas dans les livres.
Les nègres, vous le savez, n'ont que trop travaillé.
Pourquoi faut-il de plus apprendre dans les livres
Qui nous parlent de choses qui ne sont point
d'ici ?
Et puis elle est vraiment trop triste leur école,
Triste comme

Ces messieurs de la ville,
Ces messieurs comme il faut
Qui ne savent plus danser le
soir au clair de lune,
Qui ne savent plus marcher
sur la chair de leurs pieds,
Qui ne savent plus conter les
contes aux veillées :
Seigneur, je ne veux plus aller
à l'école.

Guy Tirolien (1917-1962),
Balles d'or,
© Éditions de
Présence africaine.

1. En créole (langue des Antilles) : une petite montagne isolée au milieu d'une plaine et de forme arrondie.
2. Un torrent, un ruisseau. **3.** Qui a trop mangé.

PRATIQUEZ

2. Qui parle ?

3. Relevez tous les mots qui donnent des indications :
a. sur la végétation : ...
b. sur l'activité de la région : ...
c. sur le climat : ...

4. Le narrateur est :
☐ en Europe ?
☐ en Australie ?
☐ aux Antilles françaises ?
☐ en Chine ?

5. Que refuse-t-il ? Pourquoi ?

6. Que veut-il ? Expliquez ses différents souhaits.

7. Expliquez comment deux conceptions de l'éducation, présentées dans ce poème, s'opposent.

8. À quoi fait allusion la phrase : « Les nègres, vous le savez, n'ont que trop travaillé » ?

9. Comparez la dernière phrase au titre. Que pouvez-vous en conclure ?

10. Résumez ce poème en quelques lignes.

ÉCRIVEZ

1. Exprimez des souhaits :
a. pour votre famille b. pour vos amis c. pour vous-même d. pour la planète d. pour l'humanité.

2. Complétez cette carte postale à l'aide des verbes suivants :
sentir / être / voir / découvrir / venir / savoir.

Manu,
J'aimerais tant que tu ... avec moi. Je voudrais que tu ... la beauté de ces paysages, que tu ... la douceur de ces îles, que tu ... avec moi tous ces visages souriants.
Je voudrais que tu ... que je pense à toi.
J'aimerais qu'un jour nous ... tous deux ici.
Tu me manques. Je t'embrasse tendrement.

Olivia

ISLES 5

Emmanuel Giraud

25, rue de l'Église

2 1 0 0 0 DIJON

FRANCE

1 | **Observez la carte.**

1. Reliez les mots à leur définition.
a. Langue maternelle **b.** Langue officielle **c.** Langue d'enseignement privilégié **d.** Langue étrangère
1. Langue utilisée par l'administration et le gouvernement **2.** Langue qui n'est pas la langue du pays
3. Première langue qu'on apprend dans son enfance **4.** Première langue qu'on apprend à l'école

2. Sur quels continents le français est-il utilisé comme langue maternelle ? Dans quels pays ?

3. Pouvez-vous citer quelques pays d'Afrique où on parle français ?

4. Lisez le texte et répondez aux questions.
a. Que signifie « francophone » ?
b. Que fête-t-on le 20 mars ? Où ?
c. Quel pourcentage de la population mondiale parle français ?
d. Qui a créé cette Agence ? Dans quel but ? **e.** Qui sont les partenaires de l'Agence ? **f.** L'Agence de la Francophonie a-t-elle un rôle politique ? **g.** Que pensez-vous de son action pour les jeunes ? **h.** Aimeriez-vous participer à ce genre d'action ? Pourquoi ?

2 | **Lisez le texte.**

Le 20 mars est chaque année l'occasion pour les 170 millions de personnes qui parlent le français, soit 3,2 % de la population mondiale, de fêter leur langue commune. À cette occasion, sur les cinq continents, des consulats, ambassades, centres d'actions culturelles célèbrent la langue française en organisant des concours de poésie, des festivals de bandes dessinées ou de films, des tours de chants d'auteurs-compositeurs – ou même des soirées de démonstration de cuisine française.

Si la Francophonie est devenue une réalité, c'est grâce à trois chefs d'État africains, Léopold Sedar Senghor (Sénégal), Habib Bourguiba (Tunisie) et Hamani Diori (Niger) qui, en 1970, ont créé l'Agence de la Francophonie pour initier une coopération très active entre ses pays membres dans les domaines artistiques, culturels, éducatifs, scientifiques et techniques.

Parmi ses actions, on peut citer les échanges d'expérience, d'information et de savoir-faire destinés à promouvoir la mobilité de jeunes de 18 à 30 ans à l'intérieur de l'espace francophone. De plus, tous les deux ans a lieu une réunion des chefs d'État francophones qui s'engagent sur la scène internationale en faveur de la démocratie et de la diversité culturelle.

L'Agence de la Francophonie a de nombreux partenaires, dont les ONG (organisations non gouvernementales) qui génèrent des projets de développement, et la chaîne de télévision TV5, dont la vocation est de promouvoir le français en diffusant des programmes en langue française dans le monde entier.

ÉCRIT

Lisez le texte puis répondez aux questions.

Guadeloupe, Les Saintes, Marie-Galante

La superficie de la Guadeloupe est de 1 780 km² et son point culminant est le volcan de la Soufrière (1 467 m). À l'est, Grande-Terre est le domaine des multiples plages de sable blanc aux eaux limpides. À l'ouest, Basse-Terre vous séduira par sa végétation tropicale luxuriante.

L'archipel des Saintes est un chapelet de 9 îlots répartis sur 13 km². Ces îlots sont certainement les plus pittoresques du département de la Guadeloupe avec leurs petits villages charmants à l'abri d'une des plus belles rades qui existent.

Marie-Galante est une très belle île discrète et authentique. Sa superficie de 158 km² en fait la plus grande des dépendances de l'archipel guadeloupéen. Elle est intacte, comme à l'abri du temps qui passe, et son charme tient autant de ses eaux calcaires aux couleurs changeantes qu'à sa végétation tropicale et ses champs de canne à sucre.

1. **D'où est extrait ce document ?**

2. **Expliquez le titre.**

3. **Si vous aimez vous baigner, quelle partie de la Guadeloupe allez-vous choisir ?**

4. **Qu'est-ce qu'un « îlot » ?**

5. **De quoi se compose l'archipel guadeloupéen ?**

6. **Trouvez des synonymes de :**
   a. pures : …
   b. vrai : …
   c. le plus élevé : …
   d. riche : …
   e. préservé : …
   f. un bassin d'eau : …

7. **Faites la description d'un lieu que vous aimez.**

ORAL

◉◉ Écoutez le dialogue et répondez aux questions.

1. **Quel est le sujet de discussion de ces deux personnes ?**

2. **Sont-elles d'accord ?**

3. **Que veut la femme ?**

4. **Quand a-t-elle eu cette idée ?**

5. **Que veut l'homme ?**

6. **Quels sont les arguments qu'il donne ?**

7. **Que pensez-vous qu'ils vont faire finalement ?**

Le poète Arthur Rimbaud a écrit : «On n'est pas sérieux quand on a dix-sept ans.»

Qu'en pensez-vous ?

leçon 9

Il faut que ça

DÉCOUVREZ

1. Observez le dessin.

2. 👁👁 Écoutez le dialogue.

Béatrice se rend à un concert organisé par son association en banlieue parisienne.

BÉATRICE : Je suis contente qu'on puisse être ensemble ici ce soir ! Tu vas me raconter ta vie à Belleville...

MARTINE COLIN : Et toi, ton voyage en Afrique !

BÉATRICE : C'est un projet énorme, c'est fantastique qu'on ait déjà de si bons résultats. On va développer un village de vacances dans une zone agricole.

MARTINE COLIN : Tu n'as pas peur que ça devienne une opération trop commerciale ?

BÉATRICE : Je ne crois pas que ce soit la mentalité de nos partenaires. Tu vois, on peut agir concrètement pour améliorer une situation. Ça me révolte que les gens discutent dans leur bureau pendant que là-bas rien ne bouge.

UN JEUNE : Eh ! Madame ! Il faut venir danser avec nous !

BÉATRICE : Allez ! Viens ! On va bouger, justement...

3. Répondez aux questions.
a. Que savez-vous du concert auquel assiste Béatrice ? **b.** Pourquoi Béatrice est-elle contente ? **c.** Qu'apprend-on sur son projet en Afrique ? **d.** Qu'est-ce que Béatrice ne peut pas supporter?

MANIÈRES DE DIRE

exprimer ses sentiments

c'est fantastique, merveilleux, formidable, fabuleux, génial, super !

je suis content(e), heureux(-se), ravi(e)   ] + de + infinitif
je suis surpris(e), ça m'étonne   + que + subjonctif

j'ai peur • je crains • je ne supporte pas • j'en ai marre (familier) • j'en ai ras-le-bol *(familier)*
• ça me révolte • je trouve incroyable

bouge !

VOCABULAIRE

la musique

un piano • un violon • un violoncelle • une flûte • une guitare • une trompette • un orgue • un accordéon • les percussions • un tambour • une batterie • une basse

un pianiste • jouer/faire du piano • un musicien(ne) • un clavier • une corde • une note • une partition • répéter • une répétition • un chef d'orchestre • un groupe • un concert • chanter • une chanson

1. Travaillez à deux. L'un mime un instrument de musique et l'autre doit deviner lequel.

2. Complétez le dialogue avec des mots du tableau.

Gabriel fait partie d'un ... de rock. Il joue de la .... Le week-end dernier, il avait un .... Maud est aussi ..., elle fait du ... et elle joue plutôt du classique. Elle rêve de jouer dans un .... Pendant son temps libre, elle aime lire des ... et elle connaît personnellement plusieurs ... d'orchestre.

GRAMMAIRE

Après les expressions de sentiment, on emploie le **subjonctif** si le sujet des deux verbes est différent : *J'ai peur qu'**il soit** en retard.*   mais   *J'ai peur d'être en retard.*

*Elle est triste **que je n'aille pas** la voir.*
*Je ne supporte pas **qu'il y ait** tout ce bruit.*
*C'est formidable **que vous puissiez** être là !*
*Nous sommes surpris/contents **qu'elles soient** ici.*

1. Pensez à un(e) ami(e) ou à un membre de votre famille.
Faites des phrases avec les éléments suivants en commençant par « j'aime bien / j'adore que » ou « je ne supporte pas / je déteste que ».
Ex. : Critiquer mes vêtements. ➜ *Je déteste qu'il critique mes vêtements.*
a. Me réveiller le matin. b. Me poser des questions sur ma journée. c. Me dire ce que je dois faire.
d. Aller dans les magasins avec moi. e. Boire un verre avec moi et mes copains. f. Partir en week-end sans moi. g. Prendre son temps dans la salle de bains. h. Me dire des mots doux. i. Ne pas pouvoir venir quand je fais une fête. j. Aller au cinéma avec moi.

2. 🔊 Écoutez et transformez comme dans l'exemple :
« Il est toujours en retard. Ça m'énerve. »
➜« Ça m'énerve qu'il soit toujours en retard ! »

COMMUNIQUEZ

1. Travaillez à plusieurs. Faites une liste de vos craintes/souhaits pour l'avenir (pour vous, votre famille ou vos amis) à propos des études, de la santé, de l'argent, de l'amitié, de l'amour...
➜ *J'ai peur qu'il n'y ait pas assez de travail pour tout le monde. / Je souhaite que mon équipe gagne la compétition.*
Comparez avec les autres groupes.

2. Travaillez à plusieurs. Faites la liste de ce que vous trouvez formidable dans votre vie actuelle.
➜ *Je trouve fantastique qu'on puisse voyager en avion pour un prix très réduit !*
Comparez avec les autres groupes.

PRONONCEZ

🔊 Écoutez, répétez et indiquez le ton exprimé.

	la joie	la tristesse
Ils sont déjà partis !	X	
Ils sont déjà partis !		X

DÉCOUVREZ

1. Observez. Quels instruments de musique reconnaissez-vous sur cette affiche ?

2. Lisez le texte suivant.

Faites de la musique !

Si un Anglais, un Italien ou un Hongrois arrive à Paris un 21 juin, il ne s'étonne pas qu'il y ait des podiums dressés sur les places ou dans les parcs et qu'on mette des estrades sur les terrasses des cafés : il sait que dans toute la France, comme à Londres, à Rome ou à Budapest, on prépare activement la Fête de la musique.

En 1982, Jack Lang, alors ministre de la Culture, prend connaissance d'une étude sur les pratiques culturelles des Français qui révèle qu'un jeune sur deux joue d'un instrument de musique.

Comment valoriser le travail de ces amateurs ?

En les invitant, avec des professionnels, à montrer leur talent, en mêlant jazz, rock, chansons, musique classique et musiques folkloriques...., en faisant descendre la musique dans la rue ! Grâce à la mobilisation des mairies, des conservatoires de musique, de nombreuses associations et de mélomanes bénévoles, une nouvelle fête populaire s'inscrit sur le calendrier, le jour le plus long de l'année. Le public, ravi que la musique sorte des salles de concert payantes, applaudit immédiatement à cette heureuse initiative. Trois ans plus tard, la fête a dépassé les frontières de l'Hexagone : les grandes capitales européennes ont signé « la Charte des partenaires de la Fête européenne de la musique « et d'autres pays dans le monde ont suivi l'exemple. La Fête a aussi franchi les murs des hôpitaux et des prisons, égayé la banlieue, réveillé des communes rurales endormies. La Fête de la musique est plus que jamais prétexte à une sortie en famille ou entre amis, une balade joyeuse à travers la ville et le moment de se réjouir que la musique soit le langage universel qui rassemble les hommes.

Fête de la MUSIQUE 21 JUIN

UNE MANIFESTATION DU **MINISTÈRE DE LA CULTURE ET DE LA COMMUNICATION** AVEC LE SOUTIEN DE **LA SACEM** EN PARTENARIAT AVEC **RADIO-FRANCE, FRANCE 3** ET **LE PARISIEN**

PRATIQUEZ

3. Pourquoi le 21 mars est-il un jour particulier ? Donnez deux raisons.

4. Cochez les bonnes réponses.

   a. La Fête de la musique a commencé :
- ☐ dans les grandes villes européennes.
- ☐ à Paris, Londres, Rome et Budapest.
- ☐ en France.

   b. ☐ La Fête de la musique est réservée aux amateurs.

   c. ☐ La Fête de la musique est ouverte aux amateurs et aux professionnels.

5. Trouvez dans le texte un mot qui désigne :
   a. une personne qui aime la musique : …
   b. une personne qui travaille gratuitement : …
   c. la France : …

6. Qui a contribué à la création de la Fête ?

7. Relevez tous les mots (noms, adjectifs, verbes...) en rapport avec un sentiment de joie.

8. Faites la liste de tous les lieux de la Fête de la musique.

9. Quels types de musiques sont cités dans le texte ? En connaissez-vous d'autres ?

10. Expliquez le jeu de mots du titre.

ÉCRIVEZ

1. Quelle place tient la musique dans votre vie ? Jouez-vous d'un instrument de musique ? Si oui, lequel et depuis quand ? Si non, de quel instrument aimeriez-vous jouer ?

2. Faites un sondage sur la musique. Élaborez un questionnaire en utilisant les expressions suivantes :
- Cela vous étonne / choque / plaît / attriste / inquiète / irrite / fait plaisir
- Cela vous semble normal / drôle / bizarre / scandaleux / regrettable / incroyable
- À votre avis, c'est normal / ce n'est pas bien…
- Vous trouvez que c'est dommage
+ que + subjonctif
→ *Cela vous semble normal qu'au collège et au lycée, la musique ne soit pas une matière importante ?*

1. Au collège ou au lycée, la musique n'est pas une matière importante.
2. Les professeurs de musique font des études très longues et difficiles.
3. Les professeurs de musique ne sont pas respectés.
4. Beaucoup de personnes abandonnent la pratique d'un instrument à l'adolescence.
5. 90 % de la population ne sait pas lire la musique.
6. Les chorales reviennent à la mode.
7. La majorité des jeunes ne connaissent pas ou ne s'intéressent pas à la musique classique.
8. Il y a de moins en moins de crédit pour financer les conservatoires de musique.
9. La danse classique a moins de succès que la musique classique.

3. Faites le sondage dans la classe, puis analysez les résultats.

1 Lisez. **TRADITIONS ET FOLKLORE**

6 janvier

L'Épiphanie ou la fête des rois

On mange la galette, un gâteau à la pâte d'amandes dans lequel est caché un petit objet en porcelaine ou en plastique. La personne qui trouve cette « fève » est couronnée roi ou reine.

2 février

La Chandeleur (fête des chandelles)

On fait sauter des crêpes, une pièce de monnaie dans la main pour être riche toute l'année. C'est le début du carnaval : on se déguise et on organise des fêtes costumées. Le plus célèbre carnaval de France est celui de Nice avec ses chars fleuris et ses « grosses têtes ».

Pâques

C'est le printemps. Les enfants cherchent les œufs en chocolat dans les jardins. Le repas traditionnel est le gigot d'agneau.

1er mai

Fête du Travail

Les syndicats défilent dans les rues. On offre du muguet, une fleur parfumée à petites clochettes blanches, aux membres de sa famille et à ses amis comme porte-bonheur.

14 juillet

C'est le jour de la fête nationale qui commémore la prise de la prison de la Bastille, en 1789, par les révolutionnaires.

À Paris a lieu un grand défilé de l'armée sur les Champs-Élysées. Le soir, des feux d'artifice illuminent le ciel de toutes les grandes villes de France et sont suivis d'un bal populaire dans les rues.

1er avril

C'est le jour où on peut raconter des histoires fausses, annoncer des nouvelles imaginaires et ensuite crier « Poisson d'avril ! » pour dire que ce ne sont que des farces.

Pour s'amuser, les enfants accrochent discrètement des poissons en papier dans le dos des adultes.

25 décembre

Noël

Dans la nuit du 24 au 25 décembre, les adultes « réveillonnent » en famille tandis que les enfants rêvent aux cadeaux que va leur apporter le Père Noël le lendemain matin. Chez les familles catholiques, on prépare la crèche qui représente le lieu de naissance de Jésus, avec les santons, petits personnages en terre peinte.

2 Répondez aux questions.

1. Observez et reliez chaque texte avec l'illustration qui lui correspond.

2. Connaissez-vous d'autres fêtes françaises ? Lesquelles ?

3. Certaines de ces fêtes sont-elles célébrées dans votre pays ? De la même manière ?

4. Expliquez des traditions ou des rites particuliers à votre pays, votre région ou votre famille.

5. Pensez-vous que les fêtes traditionnelles soient importantes ? Pourquoi ?

ÉCRIT

Lisez le document suivant puis répondez aux questions.

CENTRE CULTUREL DE BELLEVILLE

PROGRAMME DES ACTIVITÉS (SECTION ADULTES)

MUSIQUE

Piano	lundi 16h – 18h	Mme LEPLAN
Violon	mardi 16h – 18h	M. DUMONT
Flûte	mercredi 15h – 17h	Mlle GAUFFRIER
Solfège	mercredi 17h – 19h	M. SCZUNYSCH
Chorale	jeudi 20h – 22h	Mme HO
Atelier jazz	samedi 16h – 18h	M. CORTIN
Atelier chanson	samedi 18h – 20h	Mlle MARTIN
Composition	vendredi 17h – 19h	M. SCZUNYSCH

Les cours ont lieu du 3 septembre au 28 juin.
Les groupes sont de 15 participants maximum et 5 minimum.
Un spectacle sera organisé en fin d'année avec tous les participants. Ce sera l'occasion de faire profiter votre entourage de vos progrès en musique ou en danse.
Lès inscriptions sont obligatoires, dans la limite des places disponibles.
Les cours sont gratuits.

1. De quel type de document s'agit-il ?

2. Dans le tableau, quelle information trouve-t-on dans :
a. la 1re colonne : …
b. la 2e colonne : …
c. la 3e colonne : …

3. Expliquez les mots suivants :
a. solfège
b. chorale
c. composition

4. Que savez-vous du spectacle de fin d'année ?

5. Combien coûtent les cours ?

6. Quel cours choisiriez-vous ? Expliquez pourquoi.

7. Quels sentiments la musique peut-elle provoquer ? Donnez des exemples.

ORAL

●● Écoutez la conversation, puis répondez aux questions.

1. La première femme parle de quel plaisir ?

2. Son mari a une manière particulière d'apporter le plateau. Laquelle ?

3. Comment son mari la réveille-t-il ?

4. La seconde femme parle de quel plaisir ?

5. Cette habitude a quels avantages, selon elle ?

6. Qu'éprouve-t-elle quand elle ne peut pas sortir ?

7. Parlez des plaisirs de la vie que vous éprouvez.

10 Une bonne pub…

DÉCOUVREZ

1. Observez le dessin.

2. ◉◉ Écoutez le dialogue.

Béatrice assiste à la présentation d'une campagne de publicité organisée afin de mieux faire connaître «Agir Ensemble».

LE PUBLICITAIRE : Voici plusieurs affiches sur lesquelles on voit d'un côté des personnes qui vivent bien et, de l'autre côté, des gens en difficulté. Un mur de verre les sépare. Le slogan est : «Brisons le mur de l'indifférence !» Laquelle préférez-vous ?

BÉATRICE : Il est important qu'on comprenne que tout le monde peut agir.

LE PUBLICITAIRE : Bien sûr. On a choisi des personnes auxquelles chacun peut s'identifier. Alors…, laquelle préférez-vous ?

BÉATRICE : Celle-ci me plaît bien.

(on frappe)

LA SECRÉTAIRE : Béa, tu as un appel de ton neveu…

BÉATRICE : Je le prends tout de suite. Excusez-moi.

BÉATRICE *(au téléphone)* : Allô, Maxime ?

MAXIME : Béatrice, ce serait bien que tu viennes à mon émission…

3. Répondez aux questions.

   a. Pourquoi Béatrice regarde-t-elle des affiches ? **b.** Qu'est-ce qu'un slogan ? **c.** Qu'apprend-on sur Béatrice et Maxime ? **d.** Pourquoi Maxime appelle-t-il Béatrice ?

VOCABULAIRE

les arts plastiques

un art • un artiste • le talent
un peintre • peindre • la peinture • les couleurs
• un pinceau • une toile • un cadre
un dessinateur • dessiner • un dessin
• un sculpteur • une sculpture • une statue
un portrait • un paysage • représenter
• en haut • en bas • au premier/dernier plan •
une exposition • le vernissage

Complétez les phrases avec des mots du tableau.

J'ai un ami ... qui m'a invité au ... de sa nouvelle .... Sur les cartons d'invitation, il a ... au crayon une jolie femme. J'aime ce qu'il fait, je trouve qu'il a beaucoup de .... J'ai craqué pour un magnifique ... dans la campagne italienne, avec des ... très chaudes. Il a aussi peint un très beau ... de sa femme.

GRAMMAIRE

Lequel / laquelle / lesquels / lesquelles

On utilise ces pronoms dans une question portant sur un choix :
Il y a trois livres. Lequel préfères-tu ?

Ce sont aussi des pronoms **relatifs composés** :

	+ une personne	+ une chose
Prépositions : avec, pour, sans...	Voici l'ami **avec lequel/avec qui** je pars. Voici l'amie **avec laquelle/avec qui** ... Voici les amis **avec lesquels/avec qui** ... Voici les copines **avec lesquelles/avec qui**...	C'est le vélo **avec lequel** j'y vais. C'est la voiture **avec laquelle** ... Ce sont les rollers **avec lesquels** ... Ce sont les chaussures **avec lesquelles** ...
Prépositions : à, grâce à...	C'est un ami **auquel/à qui** je pense souvent. C'est une personne **à laquelle/à qui** ... Ce sont des cousins **auxquels/à qui** ... Ce sont des copines **auxquelles/à qui** ...	Voici un tableau **auquel** je tiens. Voici une photo **à laquelle** ... Voici des livres **auxquels** ... Voici des statuettes **auxquelles** ...
Prépositions : près de, à côté de, en face de, au-dessus de, le long de, au sujet de...	Voici l'élève à côté **duquel/de qui** je suis assis. Voici la fille à côté **de laquelle/de qui** ... Voici les garçons à côté **desquels/de qui** ... Voici les filles à côté **desquelles/de qui** ...	C'est le restaurant à côté **duquel** j'habite. C'est la place à côté **de laquelle** ... Ce sont les bâtiments à côté **desquels** ... Ce sont les maisons à côté **desquelles** ...

1. **Posez la question : « J'ai lu un livre de Jules Verne. » → « Ah bon ? Lequel ? »**
a. J'ai visité des musées. b. J'ai vu des fautes. c. Il y a une nouvelle émission à la télé. d. Il y a un tableau que j'adore. e. J'ai trouvé une solution. f. J'ai acheté trois DVD.

2. ☺☺ **Écoutez et transformez les phrases comme dans l'exemple :**
« Je travaille avec cet ami. »
→ « C'est l'ami avec qui tu travailles ? »

COMMUNIQUEZ

1. Travaillez à deux. Choisissez un artiste (un peintre, un chanteur, un écrivain...). L'un va dire ce qu'il apprécie, l'autre ce qu'il n'aime pas.
→ *Picasso : il a révolutionné la peinture / on ne reconnaît pas ce qu'il peint.*

2. Travaillez à deux. L'un définit un objet et l'autre doit deviner lequel.
→ *C'est un objet avec lequel on peut déboucher une bouteille. (un tire-bouchon)*

PRONONCEZ

☺☺ **Écoutez et indiquez le son entendu.**

	[y]	[u]
tu	X	
tout		X

DÉCOUVREZ

1. Lisez ces critiques de films.

A

Etre et avoir de Nicolas Philibert

La star, c'est lui : Jojo, 4 ans, le regard espiègle et les mains pleines de peinture. Il partage la vedette avec l'instituteur autour duquel gravite la douzaine d'élèves de cette petite école rurale que Nicolas Philibert a filmée avec tact, justesse et sensibilité. *Être et avoir*, une chronique drôle et émouvante auquel le public a fait un accueil chaleureux et bien mérité.

B

Il est plus facile pour un chameau... de Valeria Bruni Tedeschi

Il est rare qu'on se plaigne d'être riche ! Et pourtant, fille d'une richissime famille italienne à Paris, Federica traîne sa fortune comme un boulet. Pour sa première réalisation, Valeri Bruni Tedeschi signe un autoportrait troublant et réussit une comédie amusante, sans plus.

C

Toutes les filles sont folles de Pascale Pouzadoux

Si vous voulez le prince charmant, kidnappez-le ! C'est ce que fait Céleste, une jeune célibataire romantique. La comédie est légère et sympathique mais le scénario n'est pas toujours très consistant. Le film est sauvé de justesse par le charme des comédiennes dynamiques et craquantes.

D

Zéro un, dix courts métrages choisis par Luc Besson

Pourquoi « 01 » ? Parce que Luc Besson, qui a cuisiné ce programme de dix courts métrages à son goût, a promis déjà un numéro deux l'année prochaine. Un menu très inégal, composé par des jeunes réalisateurs qui s'exercent dans différents genres : comédie, science-fiction, dessin animé, etc. On reste un peu sur sa faim...

Vivre me tue de Jean Pierre Sinapi

Son premier long métrage était plein de finesse. Ce drame nous déçoit par son scénario peu crédible et tous les clichés qu'il véhicule. Deux frères rêvent d'une autre vie : l'un voudrait être Monsieur Muscle, l'autre écrivain. Et pourtant, on aurait aimé croire à ces personnages grâce au jeu des acteurs, sincères et talentueux...

E

GÉTÈVE, ALTA LOMA FILMS ET VISION DISTRIBUTION PRÉSENTENT

GRAND PRIX DU PUBLIC - FESTIVAL D'OTTAWA • PRIX DU JURY - FESTIVAL DU FILM D'HUMOUR

BARBARA SCHULZ • CAMILLE JAPY • ANTOINE DULERY
ISABELLE NANTY • JEAN DUJARDIN

Toutes les filles sont folles

un film de PASCALE POUZADOUX

N'attendez plus le prince charmant : kidnappez-le

AU CINEMA LE 7 MAI

PRATIQUEZ

2. Quels sont les différents genres de films présentés ici ?

3. Quels sont les personnages principaux de chacun de ces films ?

4. Trouvez dans les textes des synonymes de :
   a. tourner un film : ...
   b. transporter : ...
   c. l'acteur principal : ...
   d. séduisantes :...
   e. un récit :...
   f. dense :...

5. Quelle critique vous donne le moins d'informations ?

6. Que signifie l'expression imagée « traîner sa fortune comme un boulet » ?

7. « On reste un peu sur sa faim » signifie :
   a. on a beaucoup aimé
   b. ce film est difficile à digérer
   c. on est un peu frustré

8. Résumez en une phrase le sujet de chaque film.

9. Relevez les jugements portés sur chaque film en les classant dans la grille ci-dessous.

Films	A	B	C	D	E
Critique positive					
Critique nuancée					
Critique négative					

10. Préférez-vous aller au cinéma ou louer des cassettes ? Pourquoi ?

11. Quel genre de film préférez-vous ? Pourquoi ?

12. Présentez par écrit un film ou un livre que vous avez beaucoup aimé.
   a. Racontez l'histoire. b. Donnez votre appréciation sur les personnages, le dénouement, le style et, pour un film, le scénario, les dialogues, les images, le jeu des acteurs...

GRAMMAIRE

■ Les pronoms démonstratifs

Ils remplacent un objet ou une personne :

   ■ *Lequel de ces deux tableaux préfères-tu ?*

   ■ *Celui-ci* (= celui qui est ici)
   Celui-là (= celui qui est là).

   ■ *De toutes les scènes du film, c'est celle que je préfère. – De tous les enfants, celui qui me fais le plus rire, c'est Jojo.*

	Singulier	Pluriel
Masculin	Celui	Ceux
Féminin	Celle	Celles

Complétez.

   a. Tu te rappelles cet acteur ?
   C'est ... qui jouait dans *Le Goût des autres*.

   b. Tous ... qui veulent nous accompagner sont les bienvenus.

   c. J'ai vu une belle exposition dans une galerie, rue de Seine. Quelle galerie ? .... qui fait l'angle.

   d. Les couleurs sont ... de l'automne : des bruns, des rouges, des jaunes.

   e. Vous avez vu la pub de ce parfum ?
   Vous savez, ... dans laquelle on voit une femme habillée en rouge.

   f. Quels dessins préfères-tu ?
   - ... .
   - Moi, j'aime mieux ....

1 Lisez.

LA PUB

La multiplication et l'uniformisation des produits de consommation courante, après la Première Guerre mondiale, ont favorisé le développement de la publicité en France. Il devenait en effet indispensable de faire connaître les produits en concurrence afin de pouvoir les différencier et d'en assurer la promotion. Pour répondre à ces nouveaux besoins, Marcel Bleustein Blanchet a créé en 1927 la célèbre agence Publicis. Les affiches, parfois signées par de grands artistes, ont été les premiers supports utilisés. Mais, très vite, les journaux et la radio ont compris que la publicité pouvait être une source appréciable de revenus. Au cinéma, Jean Mineur a eu la géniale idée de faire projeter de petits films publicitaires en début de séance.

Aujourd'hui, la publicité est partout dans la rue, dans le métro, sur les bus, dans les stades, dans nos boîtes à lettres. On la voit sur les panneaux d'affichage, dans les pages des magazines, sur des dépliants, des brochures, des objets, sur Internet. On la regarde au cinéma et à la télévision, on l'écoute à la radio. Ses slogans, qui jouent bien souvent avec le sens et la sonorité des mots, s'incrustent dans notre mémoire, qu'on le veuille ou non.

Choquante pour certains – 48 % des Françaises sont révoltées de l'image qu'elle donne de la femme (sondage Ipsos, octobre 2001) –, manipulatrice et mensongère pour les uns, informative et distrayante pour les autres, la publicité participe à la diffusion des modèles culturels et des systèmes de valeurs de notre société.

Voyages Kuoni
une histoire particulière
entre vous et le monde

KUONI

2 Répondez aux questions.

1. Quand et pourquoi la publicité est-elle apparue en France ?

2. Citez le nom de deux grands publicitaires français. Qu'ont-ils fait ?

3. Relevez dans le texte les lieux où on trouve de la publicité, ses supports et ses caractéristiques.
Complétez vous-même ces listes.

4. Que pensez-vous de l'image de la femme dans la publicité ?
Donnez des exemples.

5. Pensez-vous que la place de la publicité dans notre société soit excessive ?
Pourquoi ?

6. Commentez la publicité ci-contre.

Lisez le document puis répondez aux questions.

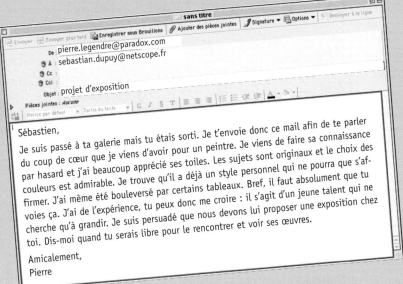

> **De :** pierre.legendre@paradox.com
> **A :** sebastian.dupuy@netscope.fr
> **Cc :**
> **Cci :**
> **Objet :** projet d'exposition
>
> **Pièces jointes :** *Aucune*
>
> Sébastien,
>
> Je suis passé à ta galerie mais tu étais sorti. Je t'envoie donc ce mail afin de te parler du coup de cœur que je viens d'avoir pour un peintre. Je viens de faire sa connaissance par hasard et j'ai beaucoup apprécié ses toiles. Les sujets sont originaux et le choix des couleurs est admirable. Je trouve qu'il a déjà un style personnel qui ne pourra que s'affirmer. J'ai même été bouleversé par certains tableaux. Bref, il faut absolument que tu voies ça. J'ai de l'expérience, tu peux donc me croire : il s'agit d'un jeune talent qui ne cherche qu'à grandir. Je suis persuadé que nous devons lui proposer une exposition chez toi. Dis-moi quand tu serais libre pour le rencontrer et voir ses œuvres.
>
> Amicalement,
> Pierre

ÉCRIT

1. Il s'agit de quel type de document ?
2. Que savez-vous de Sébastien ?
3. Que savez-vous de Pierre ?
4. Que propose Pierre ?
5. Résumez le texte en une phrase.
6. Écrivez la réponse de Pierre à Sébastien.
7. Observez cette peinture et décrivez-la.

ORAL

◉◉ Écoutez l'enregistrement et répondez.

1. De quel type de message s'agit-il ?
2. Il concerne quel produit ?
3. Résumez les qualités du produit.
4. Que pensez-vous du message ?
5. Quel est le slogan ?
6. Vous parlez à un proche pour le convaincre de vous offrir ce produit. Écrivez le dialogue et jouez la scène avec un camarade.

Les pronoms relatifs

Ils remplacent des noms de personnes ou de choses, sujets ou compléments du verbe qui suit.

Qui → sujet du verbe	*C'est le magasin* **qui** *est à l'angle*
Que/qu' → complément direct	*Le peintre* **qu'***elle préfère est Van Gogh.*
Dont → complément d'un verbe, d'un nom ou d'un adjectif suivi de « de »	*Voici les documents* **dont** *vous avez besoin.* (avoir besoin *de*)
Avec une préposition simple *(avec, pour, chez, sur, devant...)* : **lequel, laquelle, lesquels, lesquelles** (Pour une personne, « qui » est possible)	*Nous cherchons une salle* **dans laquelle** *nous pouvons donner un concert et un guitariste* **avec lequel/avec qui** *nous pouvons jouer.*
Avec « à » ou une préposition + « à » *(grâce à...)* : **auquel, à laquelle, auxquels, auxquelles**	*Voici les règles* **auxquelles** *vous devez vous conformer et la personne* **à laquelle/à qui** *vous devez téléphoner.*
Avec une préposition + « de » *(à côté de, près de, en face de...)* : **duquel, de laquelle, desquels, desquelles**	*La femme* **en face de laquelle/de qui** *j'étais assis était sympathique. Ce déjeuner officiel* **au cours duquel** *je l'ai rencontrée a duré trois heures.*

1. **Évitez les répétitions : soulignez le mot qui se répète puis faites une seule phrase à partir des deux phrases données.**

Exemple : *C'est la rue ... Je ne me rappelle pas le nom de cette rue.*

→ *C'est la rue* **dont** *je ne me rappelle pas le nom.*

a. C'est la rue ... Cette rue est parallèle au boulevard.

b. C'est la rue ... Nous sommes passés par cette rue hier.

c. C'est la rue ... Le long de cette rue, il y a beaucoup de petites boutiques.

d. C'est la rue ... Tu connais certainement cette rue.

e. C'est la rue ... Clara a parlé de cette rue.

f. C'est le cousin ... J'ai rencontré ce cousin à Paris.

g. C'est le cousin ... L'émission de ce cousin a beaucoup de succès.

h. C'est le cousin ... Les jeunes écrivent à ce cousin.

i. C'est le cousin ... Ce cousin travaille à la télévision.

j. C'est un cousin ... J'ai été invité chez ce cousin.

La tournure d'insistance

- **Sujet du verbe**
  - C'est... qui... (sing.)

    La qualité est importante. → *C'est la qualité* **qui** *est importante.*
  - Ce sont... qui... (plur.)

    Les couleurs sont belles. → *Ce sont les couleurs* **qui** *sont belles.*
  - Ce qui..., c'est... (sing.)

    Cette mélodie me plaît. → *Ce qui me plaît, c'est cette mélodie.*
  - Ce qui..., c'est (de)... (infinitif)

    Partir me rend triste. → *Ce qui me rend triste, c'est (de) partir.*
  - Ce qui..., ce sont... (plur.)

    Ces affiches nous choquent. → *Ce qui nous choque, ce sont ces affiches.*

- **Complément direct du verbe**
  - C'est... que... (sing.)

    On a choisi ce candidat. → *C'est ce candidat* **qu'***on a choisi.*
  - Ce sont... que... (plur.)

    On nous a donné ces papiers. → *Ce sont ces papiers* **qu'***on nous a donnés.*

– **Ce que... c'est...** (sing.)

J'aime son sourire. → *Ce que j'aime, c'est son sourire.*

– **Ce que... c'est...** (infinitif)

Je déteste avoir des dettes. → *Ce que je déteste, c'est avoir des dettes.*

– **Ce que... ce sont...** (plur.)

On préfère ses poèmes. → *Ce qu'on préfère, ce sont ses poèmes.*

2. Répondez affirmativement, en insistant sur le terme souligné.

Exemple : <u>Karl</u> t'a donné une place gratuite ? → *Oui, c'est Karl **qui** m'a donné une place gratuite.*

a. Tu as acheté <u>ce CD</u> hier ?

b. Vous ne comprenez pas <u>ce mot</u> ?

c. <u>Cette disquette</u> est pleine ?

d. <u>Ce groupe de rock</u> joue à Bercy ?

e. On part <u>samedi</u> ?

f. Vous prenez <u>cet avion</u> ?

g. <u>Elle</u> a les cartes d'embarquement ?

h. Nous devons aller <u>à ce terminal</u> ?

3. Reliez et finissez les phrases.

Exemple : *B. i. 2.* → *Ce que j'aime dans cette boutique, ce sont les chaussures.*

A. Ce qui
B. Ce que
C. Ce qu'

a. est à la mode
b. vous voyez là-bas
c. j'admire
d. nous ne comprenons pas
e. il faut faire
f. m'a fait du bien
g. m'intéresse
h. on déteste
i. j'aime

1. c'est ...
2. ce sont ...

Les pronoms démonstratifs

Ils remplacent des noms de personnes ou de choses et peuvent être suivis de pronoms relatifs.

Quel acteur ?	Lequel ?	**Celui-ci** ou **celui-là** ?	**Celui** <u>qui</u> est à droite.
Quelle photo ?	Laquelle ?	**Celle-ci** ou **celle-là** ?	**Celle** <u>où</u> tu es sur la plage.
Quels problèmes ?	Lesquels ?	**Ceux-ci** ou **ceux-là** ?	**Ceux** <u>dont</u> on a parlé.
Quelles cartes ?	Lesquelles ?	**Celles-ci** ou **celles-là** ?	**Celles** <u>que</u> tu as tirées.

4. Complétez avec des pronoms démonstratifs, suivis ou non de pronoms relatifs.

a. De tous mes amis, ... a toujours été là dans les moments difficiles, c'est toi.

b. – Quelle robe est-ce que je vais mettre ? – ... tu avais pour le mariage de Brigitte.

c. – Lequel de ces gâteaux veux-tu ? – Pas ... ont de la crème. Je vais plutôt prendre ... !

d. Je vais acheter un nouvel ordinateur : ... je me servais ne marche plus.

e. Les enfants, écoutez-moi ! ... ont fini peuvent quitter la table !

f. Tu te rappelles le nom de l'hôtel ? Tu sais, ... on a dormi en revenant de Nice.

L'expression de la cause

parce que	*Il a abandonné la musique **parce qu'**il n'avait plus le temps.*
car	*Elle est à l'hôpital **car** elle a une grave maladie.*
comme	***Comme** tu n'étais pas là, j'ai pris la décision tout seul.*
sous prétexte	*Il n'est pas venu travailler **sous prétexte** qu'il était malade.* (fausse raison)
à cause de	*Je n'ai pas pu voir la fin du film **à cause de** toi.*
grâce à	*Nous avons pu assister à ce concert exceptionnel **grâce à** elle.*
la raison	***La raison** pour laquelle ils ont posé cette question est évidente.*
la cause	*On ne connaît pas **la cause** de cette catastrophe.*
l'origine	*Il fait des recherches sur **l'origine** de certaines espèces animales.*

5. Reliez.

A. Il est devenu célèbre
B. Ils ont abandonné la compétition
C. Elle a été courageuse
D. Je ne comprends pas
E. On a beaucoup ri
F. Ce n'est pas
G. Tu ne veux pas venir

a. parce que
b. grâce à
c. la raison
d. à cause de
e. car
f. sous prétexte que
g. la cause

1. son exposition.
2. de son refus.
3. la pièce était drôle.
4. elle n'a pas pleuré.
5. leur âge.
6. pour laquelle il a changé d'avis.
7. tu es trop occupé ?

6. Transformez la phrase E en utilisant « comme ».

■ Le subjonctif

« Ils » au présent de l'indicatif : *ils prennent* → supprimer « ent » → ajouter « e », « es », « e », « ent »	Imparfait de l'indicatif
que je prenne *que tu prennes* *qu'il / elle / on prenne* *qu'ils / elles prennent*	*que nous prenions* *que vous preniez*

- Quelques subjonctifs irréguliers :
  - *être* : que je sois / que vous soyez
  - *pouvoir* : que je puisse / que vous puissiez
  - *aller* : que j'aille / que vous alliez
  - *avoir* : que j'aie / que vous ayez
  - *faire* : que je fasse / que vous fassiez
  - *savoir* : que je sache / que vous sachiez

- Quelques emplois du subjonctif après certains verbes ou expressions.

L'obligation	Il faut… Il est nécessaire / indispensable	*Il faut que vous fassiez un effort.*
La volonté	Je veux, je voudrais, j'aimerais, je souhaite, je désire…	*J'aimerais qu'elle vienne me voir.*
Des sentiments	Je suis heureux, triste, surpris, choqué… Je regrette, je doute…	*Nous regrettons que vous ne puissiez pas être là.*
Un jugement	C'est bien, c'est utile, c'est horrible, je ne crois pas, je ne pense pas…	*C'est bien que tout le monde soit présent.*

- Attention ! Quand le sujet des deux verbes est le même, on met l'infinitif :
  Je voudrais partir immédiatement.

- Pas de subjonctif après « croire », « penser », « espérer » à la forme affirmative :
  Je pense qu'il est très intelligent.

7. Mettez les verbes entre parenthèses au subjonctif ou à l'indicatif et soulignez les verbes ou expressions qui justifient l'emploi du subjonctif.

Courrier des lectrices

Je suis tombée amoureuse d'un garçon de ma classe mais je ne crois pas qu'il … *(être)* amoureux de moi. C'est vrai que nous … *(sortir)* ensemble mais il ne veut jamais que je … *(venir)* avec lui quand il est avec ses copains. Il refuse que j' … *(aller)* chez lui et que je … *(connaître)* ses parents. Je trouve cela vraiment bizarre qu'il … *(avoir)* cette attitude. Je lui dis que j'aimerais bien qu'il me … *(présenter)* à ses amis. Mais il répète que c'est mieux que nous … *(rester)* seuls ensemble et qu'il est très content que nous … *(ne pas sortir)* en groupe. Quelquefois, j'ai peur qu'il … *(ne pas dire)* la vérité et je me demande s'il … *(être)* sincère. Et pourtant je vois bien qu'il … *(tenir)* à moi. Que faut-il que je … *(faire)* ? J'espère que vous … *(pouvoir)* me conseiller. Merci.

Axelle

Évaluation

VOCABULAIRE

1. Donnez des mots de sens opposé.

a. La richesse : ...   **b.** La sécurité : ...   **c.** Atterrir : ...   **d.** Prêter : ...

2. Complétez les phrases.

a. Il a perdu son travail, il est au ....   **b.** Je ne peux pas vous payer en liquide, mais je peux ....
c. Le premier jour d'une exposition s'appelle le ....   **d.** Le peintre a dessiné sur la ... puis a ajouté des touches de couleur avec son ....   **e.** Cet homme en noir qui dirige les musiciens, c'est le ....
f. Elle n'a jamais appris la musique et ne sait pas lire les notes sur une ....

GRAMMAIRE

1. Complétez avec des pronoms démonstratifs suivis d'un pronom relatif *(Celui/Celle Ceux/Celles... qui/que/dont)*.

a. – Tu as trouvé un studio ? – Non, ... j'ai visité était trop cher et ... tu m'as parlé déjà pris.
b. Ce pull ? Je l'ai acheté dans la boutique près de chez moi, ... est à côté du coiffeur.
c. Mesdames, messieurs, ... ont déjà leur billet doivent se mettre dans cette file.
d. Tu connais mon amie Élisa, ... le frère est comédien ?

2. Mettez les verbes au subjonctif.

– Je suis toujours surpris que les jeunes ... *(se faire)* percer les oreilles, ... *(se mettre)* des anneaux dans le nez ou le nombril, ou ... *(se percer)* la langue. Il faut vraiment qu'ils ... *(être)* masochistes ! Je ne comprends pas qu'on ... *(pouvoir)* aimer ça !

COMPRÉHENSION ORALE

● ● Écoutez l'enregistrement.
a. Des trois personnes interviewées (Diane, Georges et Sylvie), notez celles qui aiment/n'aiment pas la danse et pourquoi.
b. À quelles occasions dansent-elles ? Quels types de danses préfèrent-elles ?

EXPRESSION ÉCRITE

**Que pensez-vous de la violence à notre époque ? Comment se manifeste-t-elle ?
Quelles en sont les causes ? Que faudrait-il faire pour la diminuer ?**

Un projet humanitaire

Le maire d'une commune souhaite encourager les jeunes qui ont l'esprit d'initiative et de solidarité, et décide d'organiser un concours de projets dans un lycée.

L'objectif est de répondre à un besoin de certains habitants qui ont des difficultés dans leur vie quotidienne en raison de leur situation économique ou de problèmes de santé. Il s'agit de créer un service qui aide ces personnes (par exemple, un service de repas à domicile pour les personnes âgées).

Les propositions doivent donner les informations suivantes : description de l'action, objectifs précis, intérêt humanitaire, organisation, estimation du coût.

Le meilleur projet sera réalisé par ses auteurs avec le soutien du conseil municipal.

1 Objectifs

■ Définir un projet humanitaire. Préparer un dossier et le présenter.

2 Préparation et principe

■ Préparez votre proposition en choisissant un projet original et utile. Votre dossier devra comprendre les éléments demandés par le maire. Vous convaincrez mieux avec des illustrations, des photos...

3 Organisation

■ Formez des petits groupes. Chaque groupe présentera un projet.

■ Discutez des possibilités de projets humanitaires dans votre ville. Précisez la catégorie de la population concernée (personnes âgées, handicapés, familles à faibles revenus, SDF...). Mettez-vous d'accord sur une action.

■ Décidez comment vous allez obtenir des informations précises et des illustrations (sur Internet, à la bibliothèque, à la mairie...).

4 Réalisation

■ Rédigez la proposition avec tous les éléments demandés par le maire.

■ Trouvez un titre et ajoutez des illustrations.

5 Présentation

■ Chaque groupe présente son projet au reste de la classe. Un jury, constitué de 3 personnes prises au hasard, pourra poser des questions et finalement choisir le meilleur projet.

La belle vie !

VOICI VOTRE CONTRAT D'APPRENTISSAGE
dans ce module vous allez apprendre à :

Objectifs communicatifs

- Conseiller
  - Faire des suggestions
  - Exprimer des doutes
  - Faire des hypothèses

- Exprimer ses sentiments
  - Exprimer ses regrets
  - Exprimer sa satisfaction
  - Féliciter

Structure et grammaire

- Le conditionnel présent et passé
- Les superlatifs
- L'hypothèse
- L'expression de l'opposition

- L'expression de la conséquence
- L'expression du but
- Les négations complexes

Savoir-faire

- Comprendre :
  - les conseils
  - les hypothèses
  - des documents écrits (brochure, scène d'une pièce de théâtre, lettre, texte publicitaire)

- Parler :
  - pour suggérer ou conseiller
  - pour exprimer ses regrets et ses espoirs
  - pour féliciter et exprimer sa satisfaction

- Écrire :
  - une lettre de réclamation
  - une lettre d'amour ou de rupture
  - une lettre de félicitations pour exprimer son opinion

Contenus socioculturels

- Les médias
- L'écologie
- Les lieux touristiques
- Les institutions politiques
- Les études en Europe

À la fin du module, faites le test dans le cahier d'exercices pour évaluer votre apprentissage.

Leçon **11** # En direct

DÉCOUVREZ

1. Observez le dessin.

2. ●● Écoutez le dialogue.

Nicolas a rencontré Maxime et ils ont sympathisé. Ils sont maintenant sur le plateau de télévision, juste avant l'émission. Nicolas est un peu anxieux.

MAXIME : Tu ne devrais pas t'en faire… Ce serait plutôt à moi d'avoir le trac !… Écoute ! L'émission va bientôt commencer, alors tu ferais mieux d'aller t'asseoir là-bas. Tu n'auras qu'à regarder la caméra et attendre que l'assistante te fasse signe pour poser ta question.

NICOLAS : D'accord !

(Béatrice arrive)

MAXIME : Tiens ! ma petite maman… la personne la plus ponctuelle que je connaisse ! Je t'avais demandé d'arriver une heure avant pour te faire rencontrer un jeune homme très sympathique… Enfin, bon… Nicolas, je te présente Béatrice, ta tante.

NICOLAS : Ma tante !… Ça alors !

3. Vrai ou faux ?
   a. Maxime essaie de rassurer Nicolas. **b.** Maxime est très nerveux. **c.** Béatrice arrive à l'heure.

4. Répondez aux questions.
   a. Que veut dire « avoir le trac » ? **b.** Quand Nicolas pourra-t-il poser sa question ? **c.** Qu'apprenez-vous dans cette scène ?

MANIÈRES DE DIRE

la surprise

Ce n'est pas possible ! • Ce n'est pas vrai ! • C'est incroyable ! • Je n'en crois pas mes yeux/mes oreilles ! Comment ? • Ça alors ! • Je n'en reviens pas ! • Je rêve ! *(familier)* • J'hallucine ! *(familier)* • Quoi ? *(familier)*

Chuchotez une nouvelle (entendue à la télévision ou une information personnelle) à l'oreille de votre voisin(e). Celui-ci ou celle-ci réagit par une exclamation de surprise.

VOCABULAIRE

la télévision

un téléviseur • une antenne parabolique • le câble • une chaîne publique, privée, à péage

le programme • le journal télévisé • une émission de variétés • une série télévisée, un feuilleton • un téléfilm • une bande annonce • un spot publicitaire • une rediffusion

changer de chaîne, zapper • passer en direct/ en différé

1. Complétez.
Chaque semaine, j'achète le … pour regarder ce qu'ils … sur les différentes … auxquelles j'ai accès grâce au …. Les films sont souvent interrompus par des …. Comme je n'aime pas la pub, je ….

2. Répondez.
a. Si vous avez la télévision, quelles types de chaînes recevez-vous ? **b.** Quel type d'émissions aimez-vous regarder ? Pourquoi ?

GRAMMAIRE

■ **Le conditionnel présent**

▪ **Formation** : radical du futur + terminaisons de l'imparfait :
J'aurais • Tu aurais • Il/Elle aurait • Nous aurions • Vous auriez • Ils/Elles auraient

▪ **Le conditionnel présent** s'utilise, entre autres, pour la **politesse** :
(pouvoir) **Pourrais**-tu / **Pourriez**-vous lui téléphoner ?
et le **conseil** :
(devoir) Tu **devrais** / Vous **devriez** prendre rendez-vous.
(être) Ce **serait** bien / Ce **serait** mieux de réserver.
(falloir) Il **faudrait** que tu sois à l'heure.
(valoir) Il **vaudrait** mieux se préparer.
(faire) Tu **ferais** mieux / Vous **feriez** mieux d'écouter.
À ta place / À votre place, je … + conditionnel présent

▪ **Remarque**. On peut aussi donner un conseil :
– avec l'expression « n'avoir qu'à » : *Tu n'as qu'à lui poser la question.*
– avec « et si » + imparfait : *Et si tu y allais en voiture ?*
– avec « Pourquoi » + infinitif négatif : *Pourquoi ne pas lui téléphoner maintenant ?*

1. **Donnez des conseils en utilisant le conditionnel et l'expression « À ta/votre/sa place »** : « Elle ne voyage pas. » → « À sa place, je voyagerais. »
a. Tu ne fais jamais de sport. **b.** Vous ne lisez pas les journaux. **c.** Il ne profite pas de son argent.

2. **Donnez des conseils selon le modèle** : « Je voudrais m'acheter un scooter. » → « Tu devrais regarder les petites annonces. »
a. J'ai mal à la tête. **b.** Je ne comprends rien aux maths. **c.** Je suis fatigué. **d.** J'ai faim.

PRONONCEZ

1. ◉◉ **Écoutez et notez si l'intonation marque la surprise ou non.**

2. **Lisez ces phrases comme des questions, puis relisez-les avec une intonation de surprise.**
a. Tu as vu Nicolas. **b.** Vous êtes allés là-bas. **c.** Il t'a offert un cadeau. **d.** C'est l'heure. **e.** Tu regardes cette émission. **f.** Elle s'est acheté une voiture. **g.** Tu as tout payé. **h.** C'est gratuit.

COMMUNIQUEZ

1. ◉◉ Écoutez ces déclarations. Notez le problème de chaque personne. Mettez-vous deux par deux pour réfléchir à des solutions possibles. Chaque groupe propose ensuite ses suggestions.

2. Chacun à son tour expose un problème qui le préoccupe.
→ *Mon meilleur ami ne me parle plus et je ne comprends pas pourquoi.*
Les autres lui donnent des conseils. Utilisez des formulations différentes (aidez-vous de la partie « grammaire »).

1. Lisez le texte suivant.

APRÈS LE BAC

Avoir le bac, c'est aujourd'hui indispensable. Mais comment trouver l'orientation que vous allez choisir après ?

Si vous vous interrogez sur les études que vous voulez faire et finalement le métier vers lequel vous vous dirigerez, voici quelques conseils utiles.

Vous devriez lire des magazines spécialisés pour étudiants afin de vous renseigner et d'avoir une vue d'ensemble sur les métiers qui existent et les formations qui sont proposées. Vous trouverez peut-être des idées auxquelles vous n'aviez pas pensé.

Il est vivement recommandé de visiter un salon de l'étudiant. Il existe de nombreuses manifestations de ce genre. Ainsi, dans une petite ville de Brie est organisé chaque année le salon «Un jeune, un métier, un avenir». Certaines entreprises proposent aussi des journées de recrutement. Renseignez-vous pour connaître les dates de ces événements et celui qui est le plus proche de chez vous. Il est conseillé d'assister à des conférences de journalistes spécialisés, mais si vous avez peu de temps, mieux vaut se rendre sur les stands et surtout ne pas hésiter à discuter avec des responsables d'écoles ou des représentants d'entreprises, car ces professionnels pourront vous conseiller de manière personnalisée.

Sachez qu'il existe aussi sur Internet des salons virtuels sur lesquels vous pourrez trouver des offres d'emplois, de stages ou de formations et une foule d'informations utiles. Pourquoi ne pas les visiter tranquillement de chez vous ?

Vous n'aurez plus ensuite qu'à cibler le secteur qui vous attire. Vous pourrez ainsi compléter vos recherches en allant dans une librairie et en regardant ce qui vient d'être publié sur la profession qui vous intéresse et les formations qui y conduisent. Vous trouverez à votre disposition de nombreux guides des métiers avec les informations les plus récentes.

PRATIQUEZ

2. À qui s'adresse ce texte ?

3. Soulignez les expressions utilisées pour donner un conseil.

4. Récapitulez les différents conseils.

5. Lequel de ces conseils vous paraît le plus juste ? Pourquoi ?

6. Trouvez dans le texte un mot qui veut dire :
- a. une profession : ...
- b. une société : ...
- c. s'informer : ...
- d. une période de formation : ...
- e. la sélection de candidats pour un emploi : ...
- f. qui simule le monde réel : ...
- g. déterminer avec précision : ...
- h. un livre avec des informations pratiques : ...

7. Selon vous, qu'est-ce qui est le plus important dans le choix d'un métier ?

8. Quels métiers n'aimeriez-vous pas faire ? Pourquoi ?

9. Quel métier vous fait rêver ? Pourquoi ?

ÉCRIVEZ

Un(e) ami(e) vous écrit pour vous demander des conseils car il/elle a des problèmes sentimentaux. Vous lui répondez.
Écrivez les deux lettres (utilisez des expressions de conseils au conditionnel).

GRAMMAIRE

◼ Le superlatif

Adjectif avant le nom *Un **grand** bateau.*	le/la/les + moins/plus + adjectif + nom Attention ! bon(ne)(s) → le/la/les meilleur(e)(s)	*Il était sur **le plus** grand bateau.* *Prends **le moins** gros paquet.* *C'est la **meilleure** vue de Paris.*
Adjectif après le nom *Une montre **chère**.*	le/la/les + nom + la/le/les + plus/moins + adjectif	*Elle a choisi la montre **la plus** chère.* *C'est la saison **la moins** chaude.*
Adverbe *Martine travaille **vite**.*	le + plus/moins + adverbe bien → le mieux	*C'est Martine qui travaille **le plus** vite.* *C'est Bertrand qui conduit **le mieux**.*
Verbe *Il **travaille**.*	verbe + le plus/moins	*C'est une récompense pour celui qui travaille **le plus**.*
Nom *Il y a des **touristes**.*	le plus/moins + de + nom	*C'est en été qu'il y a **le plus** de touristes.*

Attention !
- ◼ *Le plus grand **du** monde, **de la** classe, **de** France, **des** États-Unis, **de** Paris...*
- ◼ Avec un verbe, on peut utiliser le subjonctif : *Le plus beau tableau **que je connais/connaisse**.*

Faites des phrases avec les éléments donnés, comme dans l'exemple :
« Mississippi, long fleuve, monde » → « Le Mississippi est le plus long fleuve du monde. »

- a. Sylvie, joli, fille, classe
- b. Christian, garçon, sérieux, famille
- c. Rolls Royce, voiture, cher, monde
- d. La tour Eiffel, monument, haut, Paris
- e. *L'Alchimiste*, livre, intéressant, connaître
- f. Le TGV, train, aller vite
- g. Céline, élève, dessine, bien
- h. Cette année-là, *Astérix*, film français, avoir du succès
- i. Dans la classe, Fabio, élève, parler bien

1 Lisez le texte.

LES MÉDIAS

En France, sur 1 055 heures passées en moyenne devant le petit écran en 2001, les téléspectateurs ont regardé :

- des fictions   262 h
(téléfilms ou feuilletons)
- des documentaires   215 h
- des journaux télévisés   161 h
- des jeux   90 h
- de la publicité   86 h
- des films   74 h
- du sport   51 h
- des variétés   45 h
(des émissions avec des chansons)
- des émissions pour les jeunes   28 h
- autres   43 h

De plus, 20 % des foyers disposent d'une offre plus large grâce au câble ou au satellite et peuvent accéder par exemple à Planète (documentaires), LCI (information continue), Paris Première (culture et mode), TV5 (chaîne francophone), Voyage, Mezzo (musique classique)...
Et pourtant, la moitié des téléspectateurs se disent insatisfaits des programmes, qu'ils jugent trop parisiens et superficiels. En revanche, 75 % des moins de 35 ans sont satisfaits, ce qui peut s'expliquer par le développement, à leur intention, d'émissions de télé-réalité de plus en plus nombreuses.
À la radio, les stations nationales et surtout locales se sont multipliées sur la bande FM (modulation de fréquence). Les Français écoutent la radio en moyenne 3 heures environ par jour, ce qui est à peu près autant que pour la télé. La radio a le plus d'auditeurs le matin entre 7 h et 9 h, pour les informations, et entre 17 h et 18 h, moment où l'offre télévisée est moins forte.

- Les radios généralistes les plus écoutées : RTL (privée, la plus forte audience), France Inter (publique), Europe 1 (privée).
- Quelques radios musicales : NRJ (privée, la plus écoutée, musique actuelle), Nostalgie (privée, succès d'hier).
- Une radio d'infos continues : France Info (publique).
- Une radio en français diffusée partout dans le monde : RFI (Radio France Internationale).

2 Répondez aux questions.

1. Quelles sont les émissions les plus regardées par les Français ?
2. Si vous aimez voir des documentaires, quelle chaîne allez-vous choisir ?
3. Citez une chaîne francophone présente sur le câble.
4. Quand les Français écoutent-ils le plus la radio ? Pourquoi ?
5. Citez une radio musicale privée.
6. Quelle expression est utilisée dans le texte pour parler de la télévision ?
7. Comment appelle-t-on quelqu'un qui regarde la télé ? Quelqu'un qui écoute la radio ?
8. Combien de temps passez-vous chaque jour à regarder la télé et à écouter la radio ?
9. Quelles sont vos émissions préférées à la télé et à la radio ?
10. Quel type d'émission détestez-vous ?
11. Pensez-vous que la radio et la télévision puissent vous aider à apprendre le français ? Pourquoi ?

ÉCRIT

Lisez le texte suivant et répondez aux questions.

Les ancêtres du « Loft »

La télé-réalité, qui filme les personnes dans leur intimité comme l'émission «Loft Story», est-elle un phénomène nouveau ? Certainement pas ! Au XIXᵉ et au XXᵉ siècle, les foules s'amusaient déjà du spectacle d'hommes enfermés dans un espace clos : avec la complicité des scientifiques, on mesurait, analysait, classifiait des «spécimens» de l'humanité, enlevés de leur pays lointain – Africains, Indiens, Lapons, etc. – et on les exhibait comme des animaux de foire ! Et tout cela dans le but de légitimer la prétendue supériorité raciale de l'Occident sur ces «sauvages». Ainsi, de 1870 à 1930, ces zoos humains, présentés dans des foires internationales et des expositions coloniales, ont eu autant de visiteurs qu'en ont de nos jours les grands parcs d'attraction. Puis sont arrivés le cinéma et la télévision. Le spectacle a continué sous une autre forme. Aujourd'hui les émissions de télé-réalité cherchent à satisfaire le même besoin de voyeurisme.

1. À quoi fait référence l'auteur de cet article quand il parle du « Loft » ?

2. À quoi compare-t-il le « Loft » ?

3. Trouvez dans le texte des mots synonymes de :
   a. fermé : ...   b. montrer : ...   c. supposé(e) : ...

4. Expliquez ce qu'est un « zoo humain ».

5. Quels sentiments éprouvez-vous en lisant ce texte ?

6. Etes-vous d'accord avec l'auteur ? Pourquoi ?

7. Regardez-vous des émissions de télé-réalité ? Lesquelles et pourquoi ?

ORAL

●● Ecoutez l'interview, puis répondez aux questions.

1. Quel est le sujet de l'interview ?

2. Quels conseils donne chaque personne ?

3. De quel système parle Élodie ?

4. Pourquoi Fabien parle-t-il du journal télévisé ?

5. Pourquoi, selon Valentin, certains films ou émissions peuvent-ils être dangereux ?

6. Quel est votre avis personnel sur la question ?

Leçon 12 Un projet ambitieux

DÉCOUVREZ

1. Observez le dessin.

2. ◉◉ Écoutez le dialogue.

L'émission a été un succès. Nicolas a beaucoup appris sur le métier de journaliste et Béatrice a exposé son projet pour l'Afrique. Maxime, Nicolas et Béatrice se retrouvent dans un bistrot pour fêter leur rencontre.

MAXIME : Si je comprends bien, tu veux organiser l'accueil des touristes dans des petits villages et, avec l'argent gagné, aider les agriculteurs à cultiver des haricots verts qu'ils exporteront vers la France ?

BÉATRICE : C'est ça. Et si les compagnies aériennes nous aident, on pourra même transporter les touristes à l'aller et remporter les haricots au retour… mais ce n'est pas sûr qu'ils veuillent le faire régulièrement…

NICOLAS : C'est génial comme idée ! Et si je t'accompagnais en Afrique, je pourrais être utile, non ?

MAXIME ET BÉATRICE *(ensemble)* : Passe ton bac d'abord !

NICOLAS : Oh là là ! J'ai l'impression d'entendre mes parents !

3. Vrai ou faux ?

a. Béatrice veut organiser des voyages touristiques en Afrique. b. Des compagnies aériennes lui ont proposé leurs services. c. Nicolas s'enthousiasme pour le projet de Béatrice.

4. Répondez aux questions.

a. Expliquez le projet de Béatrice. b. Pourquoi Nicolas veut-il aller en Afrique ? c. Comment Maxime et Béatrice réagissent-ils à la suggestion de Nicolas ?

VOCABULAIRE

la nature

un lieu • un endroit • un paysage
une montagne • une plaine • une vallée
• un plateau • une colline • un volcan
un désert • une forêt • un bois • un champ • une
côte • une rivière • un fleuve • un lac
être situé • s'étendre • cultiver

1. Regardez la carte de France p. 10.
En vous aidant des mots du vocabulaire,
faites une description des différentes
régions.
Faites la même chose sur une carte de
votre pays.

2. Décrivez un paysage que vous avez vu
à la télévision, au cinéma ou dans un
magazine, ou décrivez un lieu où vous
allez en vacances.

3. Quel type de paysage préférez-vous ?
Pourquoi ?

PRONONCEZ

1. ◉◉ Classez les mots entendus dans la
colonne correspondant au son.

[p]	X				
[b]					
[v]					
[f]					

2. ◉◉ Groupez les mots qui se
ressemblent phonétiquement et
prononcez-les.

3. Prononcez :
prix • frit • tri • vrai • très • frais • près
• train • frein • vu • bu • pu

GRAMMAIRE

■ **La condition**

*Si cela te **fait** plaisir, **viens** dîner chez moi !*
(présent/impératif)

*Si vous **voulez**, vous **pouvez** rester.*
(présent/présent)

*Si j'**ai** le temps, je **passerai** te voir.*
(présent/futur)

*Je te dirai tout <u>à condition que</u> tu ne
fasses pas de commentaire.* (subjonctif)

■ **L'hypothèse**

■ *S'il **faisait** beau, nous **irions** nous
promener.*
(imparfait/conditionnel présent)
Il ne fait pas beau : on imagine, on « fait
une hypothèse ».

■ *<u>Au cas où</u> il **pleuvrait**, on restera
à la maison.*

1. Avec les verbes proposés, exprimez
une condition, puis transformez-la en
hypothèse, selon le modèle :
« On / partir tôt / arriver avant la nuit. »
→ « Si on part tôt, on arrivera avant la
nuit. »
→ « Si on partait tôt, on arriverait avant la
nuit. »
a. Vous / chercher / trouver.
b. Ils / lire cet article / comprendre.
c. Nous / avoir son adresse / aller le voir.
d. Tu / voir ce film / être content.
e. Elle / prendre l'avion / pouvoir être
ici demain.

2. ◉◉ Écoutez l'enregistrement et répondez
aux questions : « Que feriez-vous si… ».

3. Avec quelle personne célèbre aimeriez-
vous passer toute une journée ?
Que feriez-vous ? Racontez.

COMMUNIQUEZ

1. Choisissez une personne connue. Ne dites pas son nom. Les autres doivent deviner son identité en
vous posant des questions sous forme d'hypothèses.
→ **Si c'était un animal, quel animal ce serait ?**
Exemples : une plante, un meuble, un métal, un pays, un instrument de musique, etc.

2. Une personne fait une hypothèse de départ : → *Si je gagnais au Loto, <u>j'achèterais</u> une voiture.*
La personne suivante doit reprendre le 2ᵉ verbe pour faire une autre hypothèse : → *Si <u>j'achetais</u>
une voiture, je partirais…*, et ainsi de suite.

DÉCOUVREZ

1. Lisez cet extrait de la pièce de théâtre de Jean Genet intitulée *Les Bonnes*.

MADAME : [...] Claire !

SOLANGE : Elle prépare le tilleul[1] de Madame.

MADAME : Qu'elle se presse ! Pardon, ma petite Solange. Pardonne-moi. J'ai honte de réclamer du tilleul quand Monsieur est seul, sans nourriture, sans tabac, sans rien. Les gens ne savent pas assez ce qu'est la prison. Ils manquent d'imagination, mais j'en ai trop. Ma sensibilité m'a fait souffrir. Atrocement. Vous avez de la chance, Claire et toi, d'être seules au monde. L'humilité de votre condition vous épargne[2] quels malheurs !

SOLANGE : On s'apercevra vite que Monsieur est innocent.

MADAME : Il l'est ! Il l'est ! Mais innocent ou coupable, je ne l'abandonnerai jamais. Voici à quoi on reconnaît son amour pour un être ! Monsieur n'est pas coupable, mais s'il l'était, je deviendrais sa complice. Je l'accompagnerais jusqu'à la Guyane, jusqu'en Sibérie. Je sais qu'il s'en tirera, au moins par cette histoire imbécile m'est-il donné de prendre conscience de mon attachement à lui. Et cet événement destiné à nous séparer nous lie davantage, et me rend presque plus heureuse. D'un bonheur monstrueux ! Monsieur n'est pas coupable mais s'il l'était, avec quelle joie j'accepterais de porter sa croix ! D'étape en étape, de prison en prison, et jusqu'au bagne je le suivrais. À pied s'il le faut. Jusqu'au bagne, jusqu'au bagne, Solange ! Que je fume ! Une cigarette !

SOLANGE : On ne le permettrait pas. Les épouses des bandits, ou leurs sœurs, ou leurs mères ne peuvent même pas les suivre.

MADAME : Un bandit ! Quel langage, ma fille ! Et quelle science. Un condamné n'est plus un bandit. Ensuite, je forcerais les consignes. Et, Solange, j'aurais toutes les audaces, toutes les ruses.

SOLANGE : Madame est courageuse.

MADAME : Tu ne me connais pas encore...

Jean Genet, *Les Bonnes*,
© Gallimard, 1947.

1. Une infusion. - 2. Dans ce contexte : évite.

PRATIQUEZ

2. **Répondez aux questions.**
- **a.** Comment comprenez-vous le titre de la pièce : *Les Bonnes* ?
- **b.** Pourquoi Solange dit-elle «Madame» et «Monsieur» ?
- **c.** De quoi parlent les personnages présents dans cette scène ?

3. **Trouvez dans le texte les mots qui veulent dire :**
- **a.** une personne : ...
- **b.** quelqu'un qui aide un criminel : ...
- **c.** un sentiment qui lie à une personne : ...
- **d.** une femme mariée : ...
- **e.** un malfaiteur : ....
- **f.** le lieu où on enfermait les condamnés aux travaux forcés : ...
- **g.** le courage : ...

4. **Trouvez dans le texte le contraire de :**
- **a.** innocent : ...
- **b.** intelligent : ...

5. **Choisissez la phrase qui a le même sens.**
- **a.** « Il s'en tirera. »
  - ☐ Il se tuera.
  - ☐ Il réussira.
- **b.** «J'accepterais de porter sa croix.»
  - ☐ Je l'aiderais à supporter son malheur.
  - ☐ J'aiderais la justice à le mettre en prison.
- **c.** «Je forcerais les consignes.»
  - ☐ Je parlerais fort.
  - ☐ J'ignorerais les instructions.

6. **Trouvez les paroles de Madame exprimant :**
- **a.** la culpabilité **b.** l'espoir **c.** le bonheur
- **d.** la solidarité

7. **Que savons-nous des personnages ?**
- **a.** Monsieur **b.** Madame **c.** Solange
- **d.** Claire

ÉCRIVEZ

1. Que feriez-vous si on accusait un de vos proches ? Quelle serait la situation ? Imaginez en détails quelle serait votre attitude :
– Prenez un exemple. – Faites la liste de ce que vous feriez et que vous ne feriez pas.
– Justifiez votre attitude.

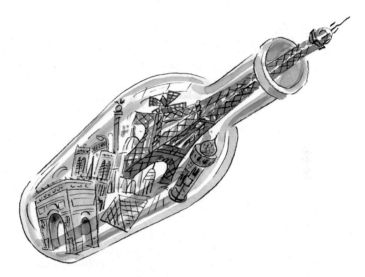

2. Avec des « si », on mettrait Paris en bouteille !

Terminez librement les phrases :
- **a.** Si un jour je voyageais dans l'espace, ...
- **b.** S'il n'y avait plus de voitures dans les villes, ...
- **c.** Si j'étais un homme/une femme, ...
- **d.** Si je pouvais changer de nationalité, ...
- **e.** Si je renaissais sous la forme d'un animal, ...
- **f.** Si je rencontrais mon acteur/actrice préféré(e), ...
- **g.** Si je gagnais au Loto, ...
- **h.** Si j'avais un an de liberté, ...

MANIÈRES DE DIRE

exprimer un doute

Je ne suis pas sûr(e) que... • Je doute que... • Cela m'étonnerait que... + subjonctif

Je ne crois pas que... • Je ne pense pas que... + subjonctif

Travaillez à deux. Formulez des opinions opposées selon le modèle : «Je crois que c'est normal !» → «Je ne crois pas que ce soit normal.»
a. Il y a trop de monde. **b.** Il parle espagnol. **c.** Le chocolat fait grossir. **d.** On peut entrer par là. **e.** Elle connaît le chemin. **f.** Ces exercices sont difficiles.
Continuez avec des phrases de votre choix.

civilisation

1 **Lisez le texte.**

L'écologie vient en tête de liste quand on interroge les Français sur les idées politiques qu'ils considèrent comme positives. En dépassant les dogmes idéologiques, l'écologie défend la liberté individuelle mais aussi la solidarité, la tolérance, la qualité de la vie, la paix, la convivialité.

Le progrès technique ne semble plus apporter une amélioration des conditions de vie, au contraire, il est vécu comme une menace : l'explosion catastrophique d'une usine chimique à Toulouse, les marées noires à répétition sur les côtes de l'Atlantique, la mauvaise qualité bactériologique de l'eau du robinet dans certaines régions, la pollution croissante de l'air dans les villes provoquant de plus en plus de cas d'asthme ou d'allergies, les crises alimentaires et les incertitudes face aux OGM (organismes génétiquement modifiés) en sont des exemples particulièrement frappants.

L'écologie souhaite sensibiliser les individus à leurs responsabilités dans les actes de la vie quotidienne : consommer de façon intelligente, manger des produits sains, recycler le plus possible... car la qualité de vie pour tous dépend de l'attitude de chacun. De plus, cette implication individuelle dans les gestes de la vie courante n'est pas contradictoire avec le besoin de développement personnel.

Grâce à cette prise de conscience individuelle puis collective, le parti « Les Verts » a pu faire élire des maires, des députés au niveau national et européen. Sous leur influence, des mesures très concrètes en faveur de l'environnement ont été adoptées, comme le tri sélectif des déchets.

À présent, l'écologie fait aussi vendre. Elle a fait son entrée dans le domaine du marketing : un logo spécifique rassure le consommateur en l'informant qu'un produit est recyclable, bio-dégradable, ou qu'il correspond au commerce « éthique ». Certains ont prédit que le XXIe siècle serait « écolo » ou ne serait pas...

2 **Répondez aux questions.**

1. Peut-on dire que les Français sont concernés par l'écologie ? Pourquoi ?
2. Qui sont « les Verts » ?
3. L'écologie propose de « consommer de façon intelligente, manger des produits sains, recycler le plus possible ». Donnez des exemples concrets d'application de ces idées dans la vie courante.
4. Vous sentez-vous concerné par les problèmes d'environnement ? Expliquez pourquoi.
5. Connaissez-vous un parti écologiste ? Que pensez-vous de son action ?
6. Quand vous achetez un produit, êtes-vous sensible aux arguments écologistes ? Donnez un exemple.

ÉCRIT

Lisez le texte suivant et répondez aux questions.

À **Vulcania** *l'explorateur c'est VOUS !*

Voyage vers le centre de la Terre

Devenez les explorateurs d'un monde fascinant jusqu'ici réservé aux vulcanologues. Descendez vers le centre de la Terre en longeant les parois d'un cratère, pénétrez dans les profondeurs de la Terre et percez quelques-uns de ses secrets.

Après l'éruption, la vie

Sources d'eau chaude, fertilité des sols, influences climatiques : les éruptions volcaniques ont sans doute contribué à l'origine de la vie sur Terre. De fabuleux paysages ainsi formés sont reconstitués à Vulcania.

La salle du Grand Théâtre

Lieu de projection d'un film sur un écran géant de 415 m² (l'équivalent de 2 000 téléviseurs). Le spectateur est transporté au bord de cratères actifs, au cœur d'éruptions impressionnantes capturées à travers le monde.

L'Amphithéâtre

Munis de lunettes 3D, vous remonterez le temps et revivrez l'histoire mouvementée de la formation des montagnes d'Auvergne grâce à un film « relief » consacré à l'histoire du volcanisme.

Vulcania
PARC EUROPEEN DU VOLCANISME

1. De quel type de document s'agit-il ?
2. Qu'est-ce qu'un « vulcanologue » ?
3. Où est situé « Vulcania » ?
4. Que peut-on voir à « Vulcania » ?
5. Quels équipements techniques y a-t-il à Vulcania ?
6. Quels rôles ont joué les volcans ?
7. Pourquoi une visite de Vulcania serait-elle intéressante ?
8. Avez-vous déjà visité des lieux comme celui-ci ? Racontez.

◉◉ Écoutez l'enregistrement, puis répondez aux questions.

1. Qui parle ?
2. De quoi parle-t-il ?
3. Que s'est-il passé en 1999 ?
4. Que doit-on faire pour protéger les arbres ?
5. Que doit-on faire pour protéger la forêt ?
6. La France protège-t-elle bien ses forêts par rapport aux autres pays européens ?
7. Que se passerait-il si les forêts disparaissaient ?

leçon

13 Nostalgie…

DÉCOUVREZ

1. **Observez le dessin.**

2. ◉◉ **Écoutez le dialogue.**

Pour sa dernière soirée, Béatrice a invité Nicolas à dîner sur un bateau mouche. Nicolas doit reprendre le train pour Toulouse le lendemain.

NICOLAS : C'est encore plus beau, Paris, la nuit, quand tous les monuments sont éclairés… J'aurais aimé que Maxime vienne dîner avec nous…

BÉATRICE : Tu sais, maintenant que c'est une vedette, il est très demandé : même moi je le vois rarement.

NICOLAS : Tu ne m'as toujours pas dit pourquoi on ne parle jamais de toi dans la famille.

BÉATRICE : Parce qu'on s'est fâchés. Quand j'ai épousé le frère de ton père, toute la famille aurait voulu que j'arrête mes voyages et que je reste à la maison alors que moi, j'adorais voyager et je rêvais de changer le monde… mais j'ai continué, malgré tout, même après la naissance de Maxime…

NICOLAS : Je me sens bien ici… Je serais bien resté plus longtemps…

BÉATRICE : Allez ! Courage !… Écoute, tu réussis ton bac et je t'emmène en Afrique.

NICOLAS : Promis ?

BÉATRICE : Promis !

3. **Répondez aux questions.**
a. Pourquoi Maxime n'est-il pas là ?
b. Dans quel état d'esprit est Nicolas ?
c. Pourquoi ne parlait-on jamais de Béatrice ?
d. Qu'apprenez-vous dans cette scène ?
e. Que décident Béatrice et Nicolas ?

MANIÈRES DE DIRE

exprimer un regret

Quel dommage ! • C'est trop bête ! • C'est dommage que… + subjonctif

Pourquoi est-ce que je n'ai pas…, je ne (me) suis pas…

Si seulement j'avais…, j'étais…, je m'étais…

Quand je pense que j'aurais pu…. + infinitif

J'aurais dû… / Je n'aurais pas dû… + infinitif

J'aurais mieux fait de… + infinitif

VOCABULAIRE

le tourisme, les vacances

partir en vacances/en voyage • faire ses valises/bagages • faire du tourisme • visiter des monuments historiques/des sites touristiques • acheter des souvenirs

une visite guidée • un circuit touristique • un voyage organisé • une excursion • un autocar • un guide

une chambre d'hôtel • une chambre d'hôte • un gîte rural • une auberge de jeunesse • un terrain de camping • un club de vacances

1. 👂 Écoutez et soulignez tous les mots de la liste que vous entendez. Réécoutez et notez l'ordre d'apparition (1, 2, 3...) des mots. Essayez de reconstituer l'histoire.

2. Quelle sorte de voyageur(euse) êtes-vous ? Quel mode de logement préférez-vous ? Comment et quand faites-vous vos bagages ? Aimez-vous rapporter des souvenirs ?

GRAMMAIRE

■ Le conditionnel passé

■ **Formation** : Prendre le passé composé du verbe conjugué et mettre l'auxiliaire (être ou avoir) au conditionnel présent.
J'ai aimé → J'aurais aimé
Nous sommes allés → Nous serions allés
Il s'est levé → Il se serait levé

■ **Quelques utilisations**
– Exprimer un regret :
Nous aurions voulu la rencontrer.
– Faire un reproche :
Tu aurais dû me le dire avant !
– Donner un conseil :
À ta place, je me serais renseigné.
– Donner une information passée avec réserve :
Il y aurait eu un grave accident sur l'autoroute.

1. 👂 Écoutez et dites ce que vous auriez fait dans ces situations.

2. Faites des reproches en utilisant le conditionnel passé avec « devoir » et « pouvoir ».
a. Tu n'as pas dit la vérité. **b.** Vous n'êtes pas venus. **c.** Tu n'as pas payé. **d.** Vous n'avez pas fait la vaisselle. **e.** Tu ne m'as pas téléphoné. **f.** Tu n'as pas pris ton médicament.

3. Pensez à un projet que vous n'avez pas pu réaliser :
→ *J'aurais voulu partir camper sous la tente avec des copains.*
Décrivez tout ce qui se serait passé si ce projet s'était réalisé et exprimez vos regrets.

4. Regrettez-vous beaucoup de choses ? Lesquelles ?

PRONONCEZ

1. 👂 Écoutez et notez s'il s'agit d'un regret ou d'un reproche.

	a	b	c	d	e	f
regret						
reproche						

2. Regret ou reproche ? Prononcez avec l'intonation qui convient.
a. Il aurait fallu nous téléphoner ! **b.** Je n'aurais pas dû insister. **c.** Cela m'aurait fait plaisir de lui parler. **d.** Tu aurais dû y penser avant ! **e.** Cela aurait été bien de dîner ensemble.

COMMUNIQUEZ

1. Travaillez par équipes de 5 ou 6.
Prenez un journal. Choisissez cinq nouvelles que vous trouvez intéressantes. Résumez-les en quelques phrases au passé composé.
→ *Un agriculteur du Sud-Ouest a trouvé une centaine de pièces d'or dans son champ...*
Puis jouez au journaliste :
présentez ces informations devant la classe comme des nouvelles non confirmées, en les mettant au conditionnel.
→ *Un agriculteur du Sud-Ouest aurait trouvé...*

2. Racontez un incident qui vous est arrivé dernièrement et demandez aux autres comment ils auraient réagi.
→ *En passant sous une fenêtre, j'ai reçu un seau d'eau sur la tête.*
– *À ta place, j'aurais crié et...*

1. **Lisez le texte suivant.**

La Bourgogne en montgolfière

Les touristes ont de plus en plus envie de faire des découvertes. Et comme il suffit de prendre un peu d'altitude pour s'offrir un point de vue différent sur une région, les voyages en montgolfière organisés en Bourgogne attirent non seulement les vacanciers de passage dans cette région, mais aussi les habitants qui ont ainsi l'occasion de voir sous un angle insolite des paysages qu'ils connaissent déjà. On passe tranquillement au-dessus des animaux dans les champs. Une rivière devient un ruban argenté. On peut aussi observer les habitants au milieu de leur environnement. Un vigneron qui inspecte ses vignes.

Un monsieur qui prend le frais dans la cour de sa maison. Poussé par le vent à 15 km/h, on a le temps d'admirer des châteaux, des églises, des maisons médiévales. Un tel vol constitue aussi une bien agréable leçon d'histoire et de géographie.

De plus, tous les sens sont en action, y compris l'odorat, puisqu'on peut sentir l'odeur des forêts, des champs. Cette sensation d'être entièrement dans le paysage est sublime.

L'atterrissage est toujours un moment délicat : il vaut mieux ne pas faire peur aux animaux et éviter absolument d'abîmer les cultures. C'est près d'une tonne qu'il faut poser, avec l'enveloppe de 26 mètres de diamètre et 6 000 m^3 d'air chaud.

Depuis le premier vol habité à Paris en 1783, le fonctionnement de l'appareil a bien peu changé : toujours une nacelle en osier (qui atténue le choc) et un ballon d'air chaud, même si, aujourd'hui, on ne fait plus brûler de la paille pour gonfler le ballon, il suffit de deux gros ventilateurs et de trois brûleurs à gaz.

Pour aider le passager à revenir sur terre, un bon vin de la région lui est offert. Bien qu'on soit au milieu d'un champ, le vin est servi à la bonne température et dans un verre à pied. C'est un pur instant de bonheur…

(Source : *Le Monde*, 22/8/2003.)

PRATIQUEZ

2. D'après le texte, qui apprécie les voyages en ballon au-dessus de la Bourgogne ?

3. Résumez l'intérêt d'un tel voyage.

4. Pourquoi l'atterrissage est-il délicat ?

5. Qu'offre-t-on aux passagers après l'atterrissage ?

6. Trouvez dans le texte un mot qui signifie :
   a. une personne en vacances : ...
   b. un ballon : ...
   c. sortir pour respirer le bon air : ...
   d. un petit arbre sur lequel pousse le raisin : ...
   e. qui date du Moyen Âge : ...
   f. le grand panier dans lequel sont les passagers : ...

   g. ce qui reste des céréales quand on a enlevé le grain : ...

7. Comparez les sensations éprouvées pendant un voyage en ballon et en avion, et pendant un voyage en voiture et en ballon.

8. Aimeriez-vous voler en ballon ? Pourquoi ?

9. Pour vos vacances, quelles sortes d'activités vous attirent ? Racontez.

GRAMMAIRE

■ L'opposition

mais et pourtant par contre (oral) / en revanche (écrit) cependant (écrit)	*Il parle bien **mais** il écrit très mal.* *Il a raté son examen **et pourtant** il avait bien travaillé.* *Cette voiture est très rapide. **Par contre/en revanche**, celle-là est plus confortable.* *Nous sommes contents de notre hôtel. **Cependant**, les excursions sont très mal organisées.*
malgré + nom	*Malgré le mauvais temps, ils sont sortis se promener.*
alors que + verbe à l'indicatif	*Elle est blonde **alors que** sa sœur est brune.*
bien que + verbe au subjonctif	*Bien qu'il ait 90 ans, il fait encore du vélo.*

Réécrivez la phrase avec l'élément entre parenthèses.

a. À Paris, il a fait beau alors qu'à Deauville il a plu toute la journée.
   (par contre)

b. Nous lui avions donné des conseils, et pourtant il n'a pas passé de bonnes vacances. *(malgré)*

c. Il fait du sport mais il grossit.
   (bien que)

d. Il fume, et pourtant c'est interdit.
   (alors que)

e. Elle a fait des efforts mais elle ne parle pas mieux le russe. *(malgré)*

f. Bien que nous soyons amis, nous nous voyons peu. *(mais)*

ÉCRIVEZ

Vous êtes parti en voyage organisé.
Au retour, l'agence vous donne un questionnaire à remplir. Écrivez les commentaires en utilisant les éléments suivants :

vol parti à l'heure / par contre / arrivés avec 2 heures de retard / navette pour l'hôtel / mais / attendu longtemps / chambre confortable / cependant / vue sur le parking / payé un supplément pour la vue sur la mer / alors que / le réceptionniste / promis un changement de chambre sans supplément / restaurant agréable / malgré / manque de variété de la cuisine.

1 Lisez le texte.

LES LIEUX TOURISTIQUES FRANÇAIS

Grâce à ses paysages variés, ses nombreux monuments, son art de vivre, la France est la première destination touristique au monde, avec plus de 80 millions de visiteurs chaque année, devant les États-Unis et l'Italie.

Les touristes visitent surtout l'Ile-de-France car ils sont attirés par :

■ les célèbres monuments parisiens : la tour Eiffel, l'Arc de Triomphe, Montmartre, la cathédrale Notre-Dame… ;

Notre-Dame, Paris

■ les musées exceptionnels : Le Louvre, qui présente les arts de l'Antiquité jusqu'au début du XIXᵉ siècle et qui, depuis sa restauration, est devenu le plus grand musée du monde ; le musée d'Orsay, pour l'impressionnisme, et le Centre Pompidou, pour l'art moderne ;

■ le parc d'attractions Disneyland qui attire un public international.

Aux touristes s'ajoutent les visiteurs en déplacement professionnel, Paris étant aussi la première ville au monde pour les congrès et salons.

D'autres régions présentent un intérêt majeur :

■ la Normandie : le Mont-Saint-Michel, cette abbaye romane construite sur les pentes d'un îlot rocheux à quelques centaines de mètres de la côte ; les plages du débarquement ;

Le Mont-Saint-Michel

■ la vallée de la Loire : les châteaux de la Renaissance, le vin, la gastronomie ;

Le château de Chambord

■ les Alpes : les stations de ski ;

■ la Côte d'Azur : la beauté exceptionnelle des paysages méditerranéens.

2 Répondez aux questions.

1. Quel est le pays le plus visité au monde ?
2. Quels sont les deux principaux types de visiteurs venant à Paris ?
3. Dans quel musée parisien peut-on voir de la peinture italienne de la Renaissance ?
4. Dans quel musée parisien peut-on admirer les tableaux des impressionnistes ?
5. Où peut-on voir sur une petite île un édifice religieux ancien ?
6. Quand vous êtes en vacances, qu'aimez-vous visiter ?
7. Décrivez un lieu touristique que vous avez visité, dans votre pays ou à l'étranger.

ÉCRIT

Lisez le texte suivant, puis répondez aux questions.

Les rumeurs

Une rumeur est au départ une histoire qui a l'air vraie, un « bruit qui court », un bavardage de couloir. Elle est faite de telle sorte qu'on a envie de la répéter sans la vérifier. En 1969, on raconte à Orléans que dans certains magasins, 26 jeunes filles, qui étaient entrées pour essayer des vêtements, ne seraient jamais revenues chez elles. Elles auraient été droguées et emmenées en sous-marin dans la Loire et auraient été forcées à se prostituer.

Avec le développement des médias et de l'Internet, les rumeurs se répandent de plus en plus facilement. Un clic de souris suffit pour qu'un message circule presque instantanément sur toute la planète. C'est ainsi que l'on reçoit des messages « à faire suivre à tous vos amis » qui avertissent qu'on aurait lancé un nouveau virus informatique très dangereux. Il s'agit le plus souvent d'une fausse alerte qui, comme les fausses pétitions, cherche à saturer le réseau. En effet, si l'auteur du message l'envoie à 10 personnes, et si la moitié des destinataires le font suivre à 10 autres personnes, etc., à la 10e étape, près de 4 millions de personnes recevront le message, et près de 500 millions à la 13e étape !

Dans le domaine économique, une rumeur peut avoir des conséquences énormes. L'annonce par un journal américain qu'un constructeur de jeux vidéo pourrait racheter un concurrent a eu, en quelques heures, de fortes répercussions en bourse.

Dans le monde du spectacle, certains journaux sont remplis de fausses révélations, dont le but n'est que d'attirer l'attention des acheteurs…

En revanche, ce qui ressemble au départ à une rumeur peut devenir un vrai sujet de préoccupation. Ainsi, on a annoncé que les téléphones portables seraient dangereux pour la santé et finalement, même si rien n'a été prouvé, des mesures ont été prises pour éloigner les antennes de la population et conseiller l'utilisation d'une oreillette.

1. Comment pourriez-vous définir une rumeur ?

2. Pourquoi les rumeurs circulent-elles si facilement ?

3. À quelles informations font référence les nombres suivants ?
   a. 26   b. 500 millions

4. Imaginez une rumeur qu'on pourrait faire circuler et ses conséquences.

ORAL

👂 Ecoutez la conversation puis répondez aux questions.

1. Où sont-ils partis en vacances ?

2. Où l'homme aurait-il préféré aller ?

3. Pourquoi n'apprécie-t-il pas l'endroit où il est ?

4. Pourquoi aurait-il apprécié l'autre endroit ?

5. Résumez les arguments de sa femme.

6. Et vous, quand vous partez en vacances, qu'est-ce qui est important dans le choix de votre destination ?

7. Aimez-vous le dépaysement ? Pourquoi ?

leçon 14 Bravo !

DÉCOUVREZ

1. Observez le dessin.

2. 👁👁● Écoutez le dialogue.

Les parents de Nicolas ont organisé une fête en son honneur.

LA MÈRE DE NICOLAS *(s'adressant à une amie)* : Quand il est revenu de Paris, Nicolas était tellement enthousiaste qu'il s'est mis à travailler comme un fou si bien que ses résultats se sont améliorés d'une manière spectaculaire. On a découvert que c'était grâce à ma belle-sœur qui...

UNE AUTRE PERSONNE : Chut ! Charles va parler...

LE PÈRE DE NICOLAS : Chers amis et parents, vous connaissez tous la raison de cette petite fête : Nicolas a été reçu. Nous sommes si fiers de lui que nous voulons partager notre joie...

(tout le monde applaudit)

TOUS : Bravo !

LE PÈRE DE NICOLAS : Comme Nicolas a prouvé qu'il était un garçon responsable, nous lui avons réservé une surprise...

(Béatrice apparaît avec un billet d'avion à la main)

BÉATRICE : Au nom de mon association, je te félicite !

CHRISTINE : Pour Nicolas... Hip hip hip...

TOUS : Hourrah !

MANIÈRES DE DIRE

féliciter

Félicitations ! • Toutes mes félicitations !
Je te félicite ! • Bravo ! • Chapeau ! *(familier)*
Je suis vraiment content(e) pour toi !
Tu l'as bien mérité !

3. Répondez aux questions.
a. Qui assiste à la fête ?
b. Que pense la mère de Nicolas de son succès ?
c. Quel est l'état d'esprit de la famille et des amis ?
d. Que s'est-il passé entre les parents de Nicolas et Béatrice ?

VOCABULAIRE

les spectacles

un spectacle • une représentation • une pièce de théâtre • un opéra • un ballet

un acteur/une actrice • un chanteur/une chanteuse • un comédien/une comédienne • une cantatrice • un danseur/une danseuse • jouer (le rôle de...) • saluer

la scène • les coulisses • le rideau • la salle

le public • les spectateurs • les critiques • applaudir • huer, siffler

1. **Complétez.**
Cette troupe de douze ... donne une ... d'une ... de Molière : ils ... en costumes modernes. Ils ont d'excellentes ... dans la presse : chaque soir, les ..., ravis du spectacle, ...

2. **Quelle sorte de spectacle préférez-vous ? Pourquoi ? Racontez le dernier spectacle auquel vous avez assisté.**

GRAMMAIRE

■ La conséquence

Alors (à l'oral)	On voulait lui faire plaisir, **alors** on a organisé une fête.
Donc	Il a été nommé directeur du théâtre : on l'a **donc** félicité.
C'est pour ça que (à l'oral)	C'est sa première pièce, **c'est pour ça qu**'il a le trac.
C'est pourquoi	La salle était vide, **c'est pourquoi** ils ont annulé le spectacle.
Si bien que	C'est la meilleure pièce de la saison, **si bien qu**'on doit réserver très à l'avance.
De sorte que	Il restait peu de places **de sorte que** nous n'avions pas le choix.

Tellement	+ adjectif	La soirée a passé **tellement** vite **que** je n'ai rien pu faire.
Si	ou adverbe	Elle était **si** contente **qu**'elle s'est mise à pleurer.
Tellement / Tant	+ verbe	+ que	Il a **tellement** bien joué **que** le public lui a fait une ovation.
Tellement de	+ nom	Ils ont **tellement de** talent **qu**'ils forment une troupe unique.
Tant de		Il y avait **tant de** monde **qu**'on ne voyait rien.

1. **Reliez les phrases avec « si », « tellement (de) » ou « tant (de) » : « Ce roman a eu du succès / Il a été adapté au cinéma » → « Ce roman a eu tant de succès qu'il a été adapté au cinéma. »**
  a. Leurs conditions de travail sont difficiles / Ils se découragent
  b. Ils aiment la littérature / Ils veulent partager leur passion
  c. Il est doué / Il a reçu le 1er prix d'interprétation
  d. Ils ont mal joué / Les spectateurs ont quitté la salle

2. ◉◉ **Écoutez. Finissez les phrases en imaginant une conséquence.**

PRONONCEZ

1. ◉◉ **Écoutez et écrivez les phrases que vous entendez. Réécoutez, barrez les lettres non prononcées et notez les liaisons.**

2. **Prononcez les phrases suivantes plusieurs fois, de plus en plus vite.**
  a. Je te rappelle demain soir. b. Il n'y en a plus ?
  c. Je les ai vus hier. d. Tu écoutes ce que je te dis ?

COMMUNIQUEZ

1. Travaillez en groupe. Écrivez chacun 4 mots (nom, verbe, adjectif, adverbe) sur des papiers que vous pliez en quatre. Mettez tous les papiers ensemble. Chacun en tire un. Un volontaire commence à raconter une histoire avec le mot tiré, son voisin continue en utilisant une relation de conséquence.
→ *C'était dans un pays froid...*
– *Il y faisait si froid que personne ne sortait...*
On continue l'histoire jusqu'à ce qu'il n'y ait plus de papiers...

2. Un(e) ami(e) a joué dans une pièce ou a chanté ou dansé en public.
Vous le/la félicitez et vous lui prédisez un bel avenir. Jouez la scène deux par deux.

1. Lisez les lettres.

Cher Monsieur,

Permettez-moi d'abord de vous remercier d'avoir participé aux auditions pour la pièce *Les Amis*, représentée à partir du 25 janvier prochain, dans une mise en scène de Peter Brook. Les prestations des candidats étaient d'une telle qualité et les candidats si nombreux que le jury a eu bien des difficultés à faire son choix. Vous nous avez impressionnés par votre talent, votre forte présence sur scène et le metteur en scène vous voit très bien dans le rôle de Jacques.

C'est pourquoi nous avons le plaisir de vous annoncer que vous avez été sélectionné. Je me réjouis donc à l'idée de vous voir rejoindre notre équipe. M. Brook prévoit une lecture le 15 septembre en présence de tous les comédiens, si bien que nous vous demandons de nous réserver cette date. Ce sera aussi l'occasion de mieux faire connaissance.

Dans l'attente de vous saluer prochainement, je vous adresse, cher Monsieur, mes salutations les plus cordiales.

Michel Desplanches
Directeur de la distribution

Cher Jean-Baptiste,

J'ai appris par Juliette que tu avais été choisi pour jouer un rôle dans une pièce mise en scène par Peter Brook. C'est formidable !
Je suis sincèrement heureux pour toi. Je ne suis pas surpris, car, depuis que nous étions au conservatoire ensemble, j'ai bien remarqué que tu avais plus de talent que la plupart d'entre nous. C'est bien que tu puisses jouer avec un grand metteur en scène, tu vas apprendre plein de choses. Grâce à cette expérience, ta carrière va s'envoler ! Mais attention, il y a des acteurs qui sont montés si haut qu'ils ne pouvaient plus redescendre sur terre et continuer de voir leurs amis. J'espère que ce ne sera pas ton cas !
Je t'embrasse,

Damien

PRATIQUEZ

2. Ces deux lettres s'adressent-elles...
- ☐ au même destinataire ?
- ☐ à des destinataires différents ?

3. Résumez le contenu des deux lettres, en précisant l'expéditeur, le destinataire et l'objet.

4. Relevez toutes les expressions de cause et de conséquence.

5. Quelle différence remarquez-vous dans le style des deux lettres ? Donnez des exemples.

6. Notez les mots qui concernent le théâtre.

7. Comment comprenez-vous le mot « lecture » dans ce contexte.

8. De quoi l'expéditeur de la seconde lettre a-t-il peur ?

9. Préférez-vous voir un film ou une pièce de théâtre ? Expliquez pourquoi.

10. Avez-vous déjà joué dans une pièce, à l'école par exemple, ou avez-vous déjà vu une pièce, au théâtre ou à la télévision ? Quel souvenir en gardez-vous ?

ÉCRIVEZ

1. Vous écrivez une déclaration d'amour (ou une lettre de rupture). Utilisez des expressions de cause (*comme*, *à cause de*, *étant donné que*, etc.) et de conséquence (revoyez le tableau p. 103).

2. Transformez votre lettre en dialogue (à la manière d'une scène de théâtre). Lisez votre dialogue avec un camarade devant la classe.

SAVOIR-FAIRE

écrire une lettre

Formules d'appel
Madame, Monsieur • Chère Madame, Cher Monsieur, • Cher François,
(Attention ! n'écrivez pas le nom de famille du destinataire.)

Formules d'introduction
Je suis heureux de vous annoncer... • J'ai le plaisir de... • Je me permets de vous écrire pour...
• En réponse à votre lettre du 6 mai 20... • Suite à votre lettre du...

Formules finales
Veuillez agréer, Madame, Monsieur, mes salutations distinguées. • Je vous adresse, cher Monsieur, mes sincères salutations. • Meilleurs sentiments. • Très cordialement. • Bien à toi. • Je t'embrasse. • Grosses bises. • Bisous.

1. Vous écrivez une courte lettre à une école pour demander un dossier d'inscription.

2. Vous écrivez à un ami pour le féliciter d'avoir gagné une compétition sportive.

1 Lisez le texte.

LES INSTITUTIONS POLITIQUES FRANÇAISES

« Liberté, égalité, fraternité », telle est la devise de la république française dont le chef, le Président, élu pour 5 ans au « suffrage universel direct », c'est-à-dire directement par les Français, réside à l'Élysée. Le rôle du Président, qui détermine la politique du pays, est de veiller au respect de la constitution et des traités, à l'indépendance nationale, à l'intégrité du territoire. C'est lui qui choisit le Premier ministre en tenant compte de la majorité du Parlement et qui préside le Conseil des ministres. Quand le Premier ministre n'est pas issu du même parti que le Président, on dit qu'il y a « cohabitation ». Dans certaines circonstances, le président peut dissoudre l'Assemblée nationale ou décider de faire un référendum pour consulter directement le peuple sur un projet de loi. Il est le chef des armées et dispose de pouvoirs exceptionnels en cas de menace grave.

Le Parlement est constitué de deux assemblées : l'Assemblée nationale et le Sénat. L'Assemblée nationale comprend 577 députés, élus au suffrage universel direct pour 5 ans. Ils se réunissent dans l'« hémicycle » du Palais Bourbon, appelé ainsi parce que les bancs sur lesquels ils sont assis, à gauche, au centre ou à droite selon leur appartenance politique, forment un demi-cercle. Les 320 sénateurs, qui siègent au Palais du Luxembourg, sont élus indirectement pour 9 ans par les « grands électeurs » (les députés et les représentants des collectivités locales). Les lois sont discutées et votées au Parlement.

Le Premier ministre, qui habite à l'Hôtel Matignon, est le chef du gouvernement : il choisit les ministres et, avec eux, met en œuvre la politique du pays.

2 Répondez aux questions.

1. Que représente la photo ?
2. Trouvez deux expressions dans le texte qui désignent un « vote direct ».
3. Qui est élu directement par le peuple ? Cochez.

   ■ le Président   ■ les députés   ■ les sénateurs

4. Vrai ou faux ?

   a. Le Président est le chef du gouvernement. b. Le Président est élu pour 7 ans.

   c. Le Président choisit le Premier ministre. d. Le Président est le chef des armées.

   e. Le Président ne peut pas dissoudre l'Assemblée nationale.

5. Qui travaille où ? Reliez.

   a. le Palais Bourbon   1. le président de la République

   b. le Palais de l'Élysée   2. le Premier ministre

   c. le Palais du Luxembourg   3. les députés

   d. l'Hôtel Matignon   4. les sénateurs

6. Qu'est-ce que « la cohabitation « ?
7. En France, on est « de droite » ou « de gauche » selon ses opinions politiques : d'où vient cette expression ?

Lisez le texte, puis répondez aux questions.

Le Canard enchaîné

Journal satirique paraissant le mercredi

C'est un hebdomadaire : il paraît chaque semaine, le mercredi, depuis 1915. Son nom est amusant car un « canard » désigne un journal en argot. En ajoutant « enchaîné », son fondateur, un journaliste d'extrême gauche, voulait faire référence à la censure qui était forte à l'époque de la Première Guerre mondiale.

Le Canard a gardé sa vocation satirique. Il relate les événements de la vie politique sous un angle ironique et critique. Ses gros titres contiennent des jeux de mots et les articles sont illustrés par des dessins humoristiques. Il faut pourtant le prendre au sérieux. En effet, il a révélé de nombreuses affaires qui ont fait scandale : les diamants offerts par un chef d'État à un président français ou des écoutes téléphoniques.

Son indépendance et son esprit critique sont garantis par le fait qu'il n'appartient à aucun groupe de presse et qu'aucune publicité n'apparaît dans ses pages.

Il vit uniquement grâce à ses ventes (environ 600 000 exemplaires par semaine). Il a réussi à fidéliser ses lecteurs en leur proposant des informations qui sont vérifiées sérieusement. En effet, la réputation du journal repose principalement sur sa crédibilité.

Un journal pas comme les autres

ÉCRIT

1. Observez le logo et expliquez ce qu'il représente.

2. Pourquoi a-t-on choisi le mot « canard » dans le titre du journal ?

3. *Le Canard enchaîné* paraît-il chaque jour ?

4. *Le Canard enchaîné* existe-t-il depuis 15 ans ?

5. Comment comprenez-vous « sa vocation satirique » ?

6. Quelles sont les garanties de son indépendance ?

7. Ce journal vous semble-t-il intéressant ? Pourquoi ?

8. Quel média préférez-vous : les journaux, la radio ou la télévision ? Pourquoi ?

👀 **Écoutez l'enregistrement et répondez aux questions.**

ORAL

1. Qui participe à cette discussion ?

2. Quel est le sujet de conversation ?

3. Quel est le point de vue de chaque personne ?

4. De quelle opinion vous sentez-vous le plus proche ?

5. Allez-vous souvent voir des spectacles ? Pourquoi ?

6. Quel genre de spectacle ou de film aimez-vous le moins ?

7. Où aimez-vous sortir le soir ? Racontez.

Leçon **15**

À nous la liberté !

DÉCOUVREZ

1. Observez le dessin.

2. 🔘 **Écoutez le dialogue.**

OLIVIER : Salut, les amoureux ! Ça me fait plaisir de vous voir. Qu'est-ce que vous devenez ? Il paraît que tu vas partir en Afrique, Nicolas ?

NICOLAS : Que **nous** allons partir en Afrique ! On a réussi à persuader nos parents qu'on n'était plus des enfants… mais pour qu'ils comprennent, ça n'a pas été facile…

CHRISTINE : On a même acheté mon billet à toute vitesse de peur qu'ils changent d'avis ! Enfin, on est contents ! Et toi, qu'est-ce que tu fais cet été ?

OLIVIER : Moi, je pars faire du canoë-kayak dans le Massif central, et en septembre, je quitte la France… Je vais continuer mes études aux Pays-Bas… pour devenir un vrai Européen !

NICOLAS : Pas mal ! Nous, on sera Parisiens : Christine va préparer le concours des Beaux-Arts et moi celui de l'école de journalisme.

CHRISTINE : Plus jamais le lycée !… À nous la liberté ! Elle est pas belle, la vie ?

3. **Répondez aux questions.**
a. Qu'apprenez-vous dans cette scène ?
b. Que s'est-il passé entre Christine, Nicolas et leurs parents ? **c.** Pourquoi Olivier veut-il aller aux Pays-Bas ? **d.** À votre avis, quelle est la différence entre un concours et un examen ?

VOCABULAIRE

les sports

faire du tennis, du foot (masculin),
de la gym (gymnastique), de la natation
(féminin), de l'athlétisme, de l'aviron
• jouer au rugby (masculin), à la pétanque
(féminin)

un terrain • un court • un circuit
• un parcours

un ballon • une balle • une boule

un match • une partie • un joueur
• une équipe • un arbitre

gagner • perdre • battre • marquer un
point, un but • faire match nul • battre un
record

1. Ballon ? Balle ? Boule ? Quel mot correspond à quel sport ?
le tennis • le football • le golf • le ping-pong • le volley-ball • la pétanque • le rugby • le billard • le squash • le basket-ball • le cricket.

2. Reliez les éléments qui vont ensemble.
a. un court   1. le karting
b. un parcours   2. le football
c. un terrain   3. le tennis
d. un circuit   4. le golf

3. Quelle est la dernière manifestation sportive à laquelle vous avez assisté ? Racontez.

GRAMMAIRE

■ Les négations

Temps simples	Temps composés	Infinitif
Je ne veux pas jouer.	Je n'ai pas voulu jouer.	C'est ridicule de ne pas vouloir jouer.
Tu ne feras plus de sport ?	Tu n'en as plus fait ?	C'est dommage de ne plus en faire.
Elle ne travaille pas encore.	Elle n'a pas encore travaillé.	C'est normal, à son âge, de ne pas encore travailler.
Il ne comprenait rien.	Il n'avait rien compris.	Cela l'énervait de ne rien comprendre.
Nous n'y allons jamais.	Nous n'y sommes jamais allés.	C'est bête de ne jamais y aller.
Vous ne voyez personne ?	Vous n'avez vu personne ?	On préfère ne voir personne.
Ils n'auraient aucun problème.	Ils n'auraient eu aucun problème.	C'est rare de n'avoir aucun problème.
On ne voit cela nulle part.	On n'a vu cela nulle part.	C'est bizarre de ne voir cela nulle part.
Il n'a ni famille ni maison.	Il n'a eu ni famille ni maison.	C'est triste de n'avoir ni famille ni maison.

■ Avec «ne ...plus», on peut accumuler les négations : – *Je **ne** lui dirai **plus jamais rien**.*

1. Dites le contraire des phrases suivantes, au présent, puis au passé composé.
a. Elle achète beaucoup de choses. b. Elle va toujours au même endroit. c. Elle a le temps et l'argent.
d. Ces articles se vendent partout. e. Je les vois dans tous les magasins. f. Tout le monde les achète.

2. ◉● Écoutez et transformez les deux phrases : « Je ne sais pas ce qui se passe. Cela m'inquiète. » → « Cela m'inquiète de ne pas savoir ce qui se passe. »

PRONONCEZ

1. ◉● Écoutez et écrivez ce que vous entendez. Puis réécoutez et barrez les lettres que vous n'entendez pas.

2. Prononcez les phrases suivantes lentement, puis rapidement.
a. Je ne sais pas. b. Il n'y en a pas.
c. On ne veut pas y aller. d. C'est bête de ne pas venir ! e. Tu ne me dis pas quand. f. Je ne peux pas prononcer ce mot. g. Il n'y a qu'à y aller.

COMMUNIQUEZ

1. Travaillez à deux. Sur le modèle du tableau ci-dessus, l'un parle de ses activités et de ses goûts, au présent ou au passé. L'autre le contredit.

2. Chacun écrit une liste de six choses qu'il n'a jamais faites puis interroge les autres et note les réponses :
Je n'ai jamais sauté en parachute, et toi, tu as déjà sauté en parachute ?
On met les informations en commun : on choisit une personne et chacun dit ce qu'il sait sur elle, puis une deuxième personne, etc.

1. Lisez le texte suivant.

Les sportifs, les nouveaux héros

Les deux tiers des Français font du sport au moins une fois par semaine, afin d'entretenir leur corps et ainsi leur santé. Avec cette généralisation de la pratique du sport, les médias se sont emparés de l'image des champions, qui sont devenus les héros contemporains.

Ainsi Yannick Noah, vainqueur du tournoi de tennis de Roland-Garros en 1983, est devenu une personnalité médiatique, au même titre que les grands acteurs de cinéma ou de la chanson. Le judoka David Douillet, champion olympique, a gagné la sympathie du public par son physique hors du commun (une montagne de muscles) mais aussi par ses apparitions dans les médias.

Pendant le Tour de France, le public vibre chaque année depuis 100 ans pour les champions du vélo. Mais le football est le sport le plus populaire en nombre de licenciés (2 150 en 2000, loin devant le tennis et le judo), et il n'est donc pas étonnant que des joueurs soient devenus de grandes vedettes, surtout depuis la Coupe du monde gagnée par la France en 1998.

Les annonceurs publicitaires ont compris l'intérêt qu'ils avaient à utiliser ces personnalités : des marques de chaussures de sport, de téléphones portables, de produits alimentaires, etc., ont fait appel à eux afin qu'ils fassent la promotion de leurs produits.

Toutefois les médias se montrent prudents et hésitent avant de choisir un sportif car ils savent que sa carrière est imprévisible. Ses mauvaises performances peuvent nuire à l'image de la marque à laquelle il est associé. Alors que quelques champions sont très médiatisés, de nombreux sportifs, aux performances néanmoins exceptionnelles, n'ont d'autre accès aux médias que l'annonce pure et simple de leurs résultats. Ils auront encore plus de mal à sortir de l'anonymat s'ils pratiquent un sport qui n'est pas à la mode et dont on parle peu. Ainsi, Virginie Dedieu, trois fois championne d'Europe de natation synchronisée et médaille de bronze aux Jeux olympiques de Sydney, est depuis retombée dans l'oubli. Mais sa performance quasi parfaite aux Jeux de juillet 2003 et son esthétique très avantageuse peuvent laisser imaginer qu'elle va finir par intéresser les médias.

PRATIQUEZ

2. Pourquoi les Français font-ils du sport ?

3. Relevez les sports mentionnés dans le texte.

4. Quels sont les trois sports les plus pratiqués en France ?

5. Trouver dans le texte un mot qui veut dire :
   a. bicyclette : …
   b. compétition de tennis : …
   c. personne qui pratique le judo : …
   d. personne qui appartient à une fédération sportive : …

6. Pourquoi les champions de foot sont-ils très médiatisés ?

7. Quels sont les risques pour une marque d'associer son image à celle d'un sportif ?

8. Que savez-vous de Virginie Dedieu ?

9. Donnez l'exemple de sportifs très connus dans votre pays.

ÉCRIVEZ

D'après vous, est-il important de faire du sport ? Pourquoi ?

MANIÈRES DE DIRE

exprimer sa satisfaction

Je suis content(e), heureux(-se), satisfait(e), ravi(e)
Ça me fait (très) plaisir de…
C'est super ! • C'est génial !

Travaillez à deux. Utilisez les expressions de satisfaction pour poser des questions sur votre vie quotidienne : – *Tu es content du score de ton équipe ? – Oui, c'est super ! On a gagné 15 à 10.*

GRAMMAIRE

◼ Le but

pour que, afin que (écrit) + subjonctif (sujets différents)	*Je vérifie **pour qu**'il n'oublie rien.*
pour, afin de (écrit), dans le but de, en vue de + infinitif (sujet unique)	*Nous sommes là **pour** travailler.* *Il étudie **afin de** réussir son examen.*

1. Reliez les deux phrases avec une expression de but.
   a. Il travaille moins. Ses enfants le voient plus souvent.
   b. Nous cherchons une maison. Nous passons des vacances en Bretagne.
   c. Il fait de la musculation. Sa copine sera folle de lui.
   d. Je téléphone. J'ai des renseignements.
   e. Je pars tout de suite. J'arriverai à l'heure.
   f. On fait une fête. Tout le monde se connaîtra.
   g. Il est allé en Angleterre. Il a appris l'anglais.

2. Terminez les phrases.
   a. On pourrait faire un jeu pour …
   b. Il cherche un stage afin de …
   c. Je t'appellerai pour que …
   d. Ils nous ont prévenus afin que …
   e. Elle s'est inscrite dans ce club dans le but de …
   f. Nous enverrons un inspecteur afin que …

1 Lisez le texte.

ÉTUDIER EN EUROPE

Pour partir vivre et étudier à l'étranger, pour s'immerger dans une autre culture, pour pratiquer une langue étrangère au quotidien et pour se faire de nouveaux amis, une solution : s'inscrire à un programme Socrates/Erasmus. Plus d'un million d'étudiants ont ainsi déjà eu la chance de poursuivre leurs études dans l'un des trente pays participants, grâce à ce programme qui existe depuis 1987 et encourage la mobilité des étudiants et des enseignants en Europe.

Tout étudiant citoyen d'un pays membre peut suivre cette formation à condition d'avoir accompli avec succès au moins un an d'études supérieures et d'avoir rempli un contrat d'apprentissage précisant le cursus choisi. Afin que l'adaptation au pays d'accueil se fasse rapidement, un niveau suffisant de la langue dans laquelle seront dispensés les cours est nécessaire. Si besoin est, des cours préparatoires dans l'université d'origine ou des stages intensifs dans l'université d'accueil sont prévus.

Des bourses sont attribuées pour aider l'étudiant à faire face aux dépenses supplémentaires (voyages, préparation linguistique, différences du coût de la vie) sans toutefois couvrir la totalité des frais de séjour. Il est à noter que l'étudiant ne paie que les droits d'inscription universitaire de son pays d'origine.

Il n'existe pas encore de diplôme européen, mais grâce à des équivalences ou au système d'unités capitalisables transférables, la période d'études à l'étranger, entre trois mois et une année complète, peut être validée par l'université d'origine.

Étudier à l'étranger : une expérience enrichissante, qui ouvre l'esprit et développe la capacité à s'adapter à un nouvel environnement.

2 Répondez aux questions.

1. Vrai ou faux ?
   a. Le programme Erasmus permet l'échange d'étudiants dans le monde entier. **b.** Il est obligatoire de suivre un cours de langues à l'université du pays choisi. **c.** Le programme Erasmus ne permet pas d'obtenir un diplôme européen.
2. En quoi consiste ce programme ?
3. Quelles sont toutes les conditions à remplir pour pouvoir s'inscrire au programme Socrates/Erasmus ?
4. La bourse paie-t-elle tous les frais ?
5. Quels sont les bénéfices qu'apportent des études à l'étranger ?
6. Aimeriez-vous étudier à l'étranger ? Si oui, où ? Pourquoi ?

Lisez le texte et répondez aux questions.

ÉCRIT

EIG

L'École internationale de gestion prépare aux métiers du commerce international.

Les études se déroulent sur notre campus de Paris ou celui de Toulouse. Après votre admission sur concours, vous aurez accès à un cursus de 4 ans pour la filière Affaires internationales.

Comme nous sommes convaincus qu'aujourd'hui, un manager doit pouvoir s'intégrer à un contexte multiculturel, nous proposons 13 mois de stage en France et à l'étranger et un semestre dans une université étrangère à partir de la 2e année.

Afin d'ouvrir les étudiants au monde et à ses cultures, une immersion totale en Asie ou en Californie leur est proposée pour la gestion de l'interculturel en 3e année grâce à notre partenariat avec une centaine d'universités dans le monde. D'autre part, un réseau de plusieurs milliers d'anciens élèves dans une cinquantaine de pays permettra d'obtenir les contacts locaux indispensables.

Admission sur concours
Nous mettons à votre disposition une documentation sur les bourses pour vos études et stages à l'étranger

L'ÉCOLE INTERNATIONALE DE GESTION : VOTRE VISA POUR L'EMPLOI.

1. **De quel type de document s'agit-il ? Quel est son but ?**

2. **Vrai ou faux ?**
 a. Les études complètes durent 4 ans. **b.** L'école est située uniquement à Paris. **c.** On doit passer 6 mois dans une université à l'étranger. **d.** Il faut réussir un examen pour intégrer cette école.

3. **Trouvez dans le texte le mot qui signifie :**
 a. un examen avec un nombre de reçus déterminé à l'avance : ...
 b. un cycle universitaire : ...
 c. un domaine d'études : ...
 d. une aide financière de l'État pour un étudiant : ...

4. **Pourquoi les étudiants sont-ils envoyés à l'étranger ? Cela vous paraît-il justifié ?**

5. **Expliquez : « Votre visa pour l'emploi. »**

6. **Aimeriez-vous partir étudier à l'étranger ? Pourquoi ?**

7. **Quels sont vos projets d'études ?**

ORAL

◉◉ Écoutez l'enregistrement et répondez aux questions.

1. Quel est le sport pratiqué par François Duri ?

2. Comment a-t-il découvert qu'il était très bon dans ce sport ?

3. Pourquoi parle-t-il de « hasard » ?

4. Pourquoi faut-il essayer différents sports ?

5. Dans quels autres domaines François Duri conseille-t-il d'essayer différentes choses ?

6. Selon lui, quelles sont les qualités nécessaires pour gagner ?

7. Pratiquez-vous ou avez un intérêt pour un sport ? Quelles difficultés présente ce sport et quelles sont les qualités nécessaires pour le pratiquer ?

Synthèse

Le conditionnel

	Présent	Passé
La politesse avec *aimer, vouloir, pouvoir*…	*Je voudrais une baguette, s'il vous plaît.* *– Vous pourriez ouvrir la fenêtre ?*	
Le conseil avec certains verbes	*Tu devrais / pourrais / ferais mieux de partir tout de suite.* *Il faudrait partir tout de suite.*	
Le reproche, le regret avec certains verbes		*Hier, tu aurais dû / pu m'appeler.* *Il aurait fallu nous prévenir.* *J'aurais mieux fait de partir.*
Un information non vérifiée	*Il n'y aurait plus de sucre dans les magasins.*	*On aurait trouvé un nouveau médicament.*
Après *si* + imparfait (hypothèse dans le présent)	*Si je choisissais moi-même, je prendrais le bleu.*	
Après *si* + plus-que-parfait (hypothèse dans le passé)		*Si j'avais choisi moi-même, j'aurais pris le bleu.*

- **Attention !** Après *si* + présent, pas de conditionnel, c'est l'expression de la condition :
  Si tu es fatigué, repose-toi / tu peux te reposer / tu pourras bientôt te reposer.

---

1. **Mettez les verbes au conditionnel. Indiquez si le conditionnel exprime (1) la politesse, (2) le conseil, (3) le reproche/le regret, (4) une information non vérifiée ou (5) une hypothèse.**

   a. Tu … *(pouvoir)* me prêter ton livre sur le Louvre ? (…)
   b. Si vous étiez partis plus tôt, vous … *(arriver)* à l'heure. (…)
   c. Ils … *(devoir)* faire attention la prochaine fois, c'est dangereux. (…)
   d. Si j'étais toi, je … *(s'en aller)* tout de suite. (…)
   e. Il n'est pas venu au rendez-vous. Il … *(pouvoir)* me prévenir, quand même ! (…)
   f. Un bateau … *(disparaître)* la nuit dernière, mais nous attendons la confirmation. (…)
   g. Qu'est-ce-que tu … *(aimer)* faire si tu avais pu choisir un autre métier ? (…)
   h. … *(avoir)*-vous une minute à m'accorder ? (…)
   i. Si on habitait ensemble, on … *(s'amuser)* bien. (…)

Les relations logiques

A. La cause
(révision, *cf.* la synthèse du module 2).

---

2. **Complétez les phrases avec les mots suivants :**
   car – grâce à – puisque – parce que – comme – en raison de – à cause de

   a. … il avait besoin d'argent, il a vendu sa maison.
   b. … vous parlez allemand, pourriez-vous me traduire cette lettre ?
   c. Je compte, cher Monsieur, sur une réponse rapide de votre part … la situation est urgente.
   d. Il n'a pas rendu son devoir … il l'a oublié chez lui.
   e. … ce nouveau traitement, vous serez vite guéri.
   f. … cet accident, notre voiture est inutilisable.
   g. … un arrêt de travail, le service est légèrement perturbé.

B. La conséquence

*Je n'avais pas la clé **donc/alors** (oral) | **c'est pour ça que** (oral) | **c'est pourquoi** je n'ai pas pu ouvrir la porte.*

+ adjectif/adverbe : **tellement... que, si... que**	*C'est **si** fragile **que** je n'ose pas y toucher.* *Il travaille **tellement** vite **qu'**il a toujours fini avant tout le monde.*
+ verbe : **tellement que, tant que**	*Il travaille **tant qu'**il n'a plus le temps de vivre.*
+ nom : **tellement de... que, tant de... que**	*Il y a **tellement de** bruit **que** je ne vous entends pas.*

3. Complétez avec les mots suivants :

c'est pourquoi – tant que – alors – donc – tellement... que – tellement de... que/qu'.

a. C'est fermé le dimanche, ... on ira un autre jour.

b. Vous avez ... tout intérêt à utiliser ce nouveau produit.

c. Vous n'avez pas encore envoyé votre paiement, ... nous vous prions de bien vouloir régulariser votre situation.

d. Ils ont dû attendre ... longtemps ... ils ont cru qu'on les avait oubliés.

e. Ce livre a eu ... succès ... il a déjà été réédité.

f. Je t'aime ... je ne pourrais pas vivre sans toi.

g. Il était ... fatigué ... il est allé directement au lit.

C. L'opposition

liaison entre deux phrases : : **mais, et pourtant, cependant** (écrit)	*Nous avons cherché partout **et pourtant** nous n'avons pas trouvé la boucle d'oreille.*
alors que + indicatif	*Nous n'avons rien trouvé **alors que** nous avons cherché partout.*
bien que + subjonctif	***Bien que** nous ayons cherché partout, nous n'avons rien trouvé.*
malgré + nom	***Malgré** nos recherches, nous n'avons rien trouvé.*

4. Complétez ces phrases avec les mots suivants :

cependant – malgré – et pourtant – alors que – bien que.

a. Ils sont sortis ... le mauvais temps.

b. Il ne fait pas très chaud ... il y ait du soleil.

c. Nous vous avons envoyé plusieurs lettres de rappel, ... nous n'avons pas encore reçu votre paiement.

d. Vous n'avez pas arrosé mes plantes ... vous m'aviez promis de le faire.

e. Vous connaissez la phrase de Galilée : « ... elle tourne ! »

D. Le but

+ nom : **pour, en vue de...**	*Ils révisent **en vue de** l'examen.*
+ infinitif (un seul sujet) : **pour, afin de...** (écrit), **en vue de...**	*<u>Nous</u> sommes venus **afin de** faire connaissance.*
+ subjonctif (deux sujets) : **pour que..., afin que...** (écrit)	*<u>Nous</u> sommes là **pour que** <u>tu</u> n'aies plus peur.*

5. Complétez ces phrases avec les mots suivants :

pour – pour que – afin de – afin que.

a. Nous vous envoyons cette brochure … vous montrer l'ensemble de nos produits.

b. Je conclurai mon discours en disant : votez pour moi … notre vie quotidienne soit meilleure.

c. Tu pourras me prêter ta valise … mon week-end à Londres ?

d. Je te téléphone … tu me dises si tu viens dimanche.

■ La négation

Temps simples	Temps composés
ne + verbe + **pas, pas encore, plus, jamais, rien**	**ne** + auxiliaire + **pas, pas encore, plus, jamais, rien** + participe passé
Je ne mange pas de sauce.	*Je n'ai pas mangé de sauce.*
Elle ne connaît pas encore la vérité.	*Elle ne s'est pas encore réveillée.*
Il ne voulait plus partir.	*Il n'avait plus voulu le croire.*
Je ne prends jamais de frites.	*Je n'ai jamais vu ce film.*
Il ne dirait rien.	*Il n'aurait rien dit.*
Infinitif : *Ne pas toucher.*	Infinitif : *Il est content de ne pas être sorti.*
ne + verbe + **personne, aucun, nulle part**	**ne** + auxiliaire + <u>participe passé</u> + **personne, aucun, nulle part**
Je n'entends personne.	*Je n'ai entendu personne.*
Je n'entends aucun bruit.	*Je n'ai entendu aucun bruit.*
On ne le trouve nulle part.	*On ne l'a trouvé nulle part.*
Infinitif : *Vous devez ne déranger personne.*	Infinitif : *Je suis sûr de n'avoir dérangé personne.*

---

6. **Répondez au présent puis au passé composé comme dans l'exemple.**

Exemple : *Il boit du vin ?* → *Il ne boit pas de vin. Il n'a pas bu de vin.*

a. Elle mange encore des bonbons ?

b. Tu pars déjà ?

c. Il fait toujours du bruit ?

d. Vous trouvez quelque chose ?

e. Tu reconnais quelqu'un ?

f. Ils vont quelque part ?

g. Nous disons quelque chose ?

7. **Complétez la réponse comme dans l'exemple.**

Exemple : – *Tu as encore soif ?* → – *Non, je n'ai plus soif.*

a. – Je peux toucher ? – Non, vous êtes prié de …

b. – Elle a fait des efforts ? – Non, elle n'a fait …

c. – Vous êtes partis quelque part ? – Non, nous ne sommes partis …

d. – Il comprend quelque chose ? – Non, et il est surpris de …

e. – Ils ont pris des décisions ? – Non, ils n'ont pris …

f. – Vous avez appelé quelqu'un ? – Non, nous n'avons …

g. – Tu as déjà fini ? – Non, je n'ai …

h. – Vous avez parlé à quelqu'un ? – Non, je préfère …

i. – Tu es déjà allé en Afrique ? – Non, je n'y …

Évaluation

Complétez avec les mots suivants :

côte – documentaires – paysage – émission – fleuve – zappe.

a. Pendant mon temps libre, j'aime bien regarder la télé s'il y a une bonne (1) … : j'aime surtout les (2) … sur les animaux ou les voyages. Mais j'ai un petit frère qui n'arrête pas de changer de chaîne, il (3) … sans arrêt avec la télécommande.

b. Notre ville est traversée par un (4) …, alors si je veux prendre l'air, je me promène sur les quais. S'il fait beau, j'adore grimper au sommet d'une colline et admirer le (5) … à perte de vue. La mer n'est pas très loin, je vais sur la (6) … et je m'installe sur une plage.

1. **Mettez le verbe à la forme correcte.**
   a. Si tu … *(partir)* tout de suite, tu peux encore avoir ton train. **b.** Si j'… *(être)* toi, je partirais maintenant. **c.** Si tu … *(téléphoner)*, je serais venu te voir. **d.** J'ai une idée : si on … *(faire)* un jeu ?

2. **Réécrivez chaque phrase en utilisant l'élément donné entre parenthèses.**
   a. Il n'est pas venu parce qu'il était malade. *(comme)* **b.** J'ai trouvé facilement parce que vous m'avez expliqué. *(grâce à)* **c.** Il est beau mais les filles ne lui parlent pas. *(bien que)* **d.** Elle fait des efforts mais elle ne comprend rien. *(malgré)* **e.** Vous êtes sortis mais on vous avait dit de rester ici. *(alors que)*

3. **Mettez à la forme négative.**
   a. Mon ami a de la chance. **b.** Il réussit tout. **c.** Il a déjà trouvé du travail. **d.** Il habite encore chez ses parents. **e.** Il aime quelqu'un. **f.** Il va se marier. **g.** Mon but : faire comme lui !

COMPRÉHENSION ORALE

◉● **Écoutez l'enregistrement.**
a. Faites la liste des activités proposées et indiquez le nom des personnes qui en sont responsables.
b. Que se passe-t-il à la fin du mois ?

EXPRESSION ÉCRITE

Vous êtes responsable d'un centre de loisirs pour les jeunes. Vous écrivez un texte pour la brochure du centre afin de présenter l'ensemble des activités.

Créer un journal

1 Objectifs

■ Rédiger le texte d'un journal de radio ou de télévision que vous pourrez simplement lire devant vos camarades ou, si c'est possible, enregistrer sur une cassette audio ou même vidéo si vous disposez d'un caméscope (vous pourrez alors vous entendre ou vous voir et commenter votre performance).

2 Préparation

■ Travaillez en petits groupes.

■ Déterminez la durée de votre présentation (en fonction du nombre de groupes et du temps disponible).

■ Établissez le sommaire dans lequel vous devez inclure :

– un événement international,
– une information sur la France,
– une interview,
– une information sur votre pays,
– une information non confirmée,
– un conseil pratique,
– une information culturelle.

3 Organisation

■ Répartissez-vous le travail pour collecter ou inventer des informations.

■ Cherchez dans la presse en français qui est à votre disposition. Si vous en avez la possibilité, écoutez un journal de la radio française (RFI) ou regardez un journal-télé en français pour vous donner une idée des rubriques, du ton et de la présentation (illustrations visuelles ou sonores : générique, jingle).

■ Surveillez la durée totale : vous ne devez pas être trop longs !

4 Réalisation

■ Rédigez vos textes et entraînez-vous à les lire à voix haute le plus clairement possible.

5 Présentation

■ Lisez votre journal directement devant la classe ou enregistrez-le.

■ Avec vos camarades, commentez votre performance.

PORTFOLIO

Le portfolio, qu'est-ce que c'est ?

Le Conseil de l'Europe a élaboré cet outil qui vous permet d'évaluer vos compétences langagières et votre connaissance des autres cultures.

Dans le portfolio, vous rassemblez toutes les expériences, scolaires et extra-scolaires, qui vous ont permis d'être en contact avec des langues étrangères, des comportements, des coutumes issus d'autres cultures.

Ce document vous sera utile pendant tout votre parcours d'apprentissage des langues. Plus tard, il vous servira pour votre vie professionnelle.

Dans votre méthode *Belleville,* la partie portfolio vous permet d'évaluer vos compétences de communication langagière tout en suivant la progression des trois modules.

Comment l'utiliser ?

La première partie du portfolio, « Je suis polyglotte », vous permet de faire le point sur vos contacts avec différentes langues et cultures. Vous répondez aux questions proposées, vous pouvez aussi ajouter des remarques.

La deuxième partie, « Je fais le point », vous permet de vous auto-évaluer par rapport à *Belleville*. Vous pouvez ainsi voir les objectifs atteints et les points qui restent à travailler. Vous cochez les cases correspondant à vos compétences.

Vous avez le choix entre trois possibilités :

☹ : je ne sais pas faire.

😐 : je ne sais pas très bien faire.

☺ : je sais faire.

«Je suis polyglotte»

Vous avez, comme chaque individu, des contacts avec d'autres langues et d'autres cultures. Quels sont-ils ?

Mes contacts avec les langues

Chez moi, dans ma famille, on parle :

....

J'apprends ces langues étrangères :

....

J'ai un correspondant qui m'écrit en :

....

Je lui réponds en :

....

J'ai des amis qui parlent :

....

J'ai rencontré et communiqué avec des gens qui venaient de :

....

J'ai des notions de : ....

Autre : ....

Mes contacts avec les autres cultures

Je suis allé(e) en vacances dans ces pays :

....

J'ai fait un stage à l'étranger :

....

Je mange quelquefois des plats d'autres pays :

....

J'ai lu un roman ou une bande dessinée :

....

J'ai vu des films étrangers :

....

J'écoute de la musique qui vient de :

....

Je regarde des émissions à la télévision sur des chaînes étrangères :

....

Dans ma ville, mon quartier, je connais des gens d'autres cultures :

....

J'ai visité un musée, j'ai vu une exposition sur un artiste étranger :

....

Je suis allé(e) à un concert avec des artistes étrangers :

....

«Je fais le point»

Quand j'écoute, je comprends :   ☹ 😐 ☺

Module 1

- le récit des événements de la vie d'une personne   ☐ ☐ ☐
- la description du caractère d'une personne   ☐ ☐ ☐
- un récit au passé   ☐ ☐ ☐
- les indications données sur le temps (présent, passé, futur)   ☐ ☐ ☐

Module 2

- une discussion, un débat entre plusieurs personnes   ☐ ☐ ☐
- les sentiments et les jugements qui sont exprimés dans une conversation   ☐ ☐ ☐

Module 3

- les conseils   ☐ ☐ ☐
- les hypothèses   ☐ ☐ ☐
- les regrets   ☐ ☐ ☐
- les félicitations   ☐ ☐ ☐

Quand je lis, je comprends :   ☹ 😐 ☺

Module 1

- des brochures   ☐ ☐ ☐
- un article de journal   ☐ ☐ ☐
- un extrait de roman   ☐ ☐ ☐
- un mode d'emploi   ☐ ☐ ☐
- un sondage   ☐ ☐ ☐

Module 2

- un poème   ☐ ☐ ☐
- une invitation   ☐ ☐ ☐
- un programme d'activités   ☐ ☐ ☐
- des critiques de films   ☐ ☐ ☐
- un courriel   ☐ ☐ ☐

Module 3

- une brochure d'information   ☐ ☐ ☐
- une scène extraite d'une pièce de théâtre   ☐ ☐ ☐
- une brochure touristique   ☐ ☐ ☐
- des lettres   ☐ ☐ ☐
- un texte publicitaire   ☐ ☐ ☐

« Je fais le point »

Dans une situation de communication, je peux : 😞 😐 😊

Module 1
- faire une demande ☐ ☐ ☐
- permettre ou interdire ☐ ☐ ☐
- exprimer ma déception, me plaindre ☐ ☐ ☐
- rapporter les paroles de quelqu'un ☐ ☐ ☐
- raconter un fait ou une anecdote ☐ ☐ ☐
- exprimer mon opinion ☐ ☐ ☐
- prendre une décision ☐ ☐ ☐

Module 2
- débattre et insister ☐ ☐ ☐
- donner des explications ☐ ☐ ☐
- exprimer ma volonté ou refuser ☐ ☐ ☐
- juger et critiquer ☐ ☐ ☐

Module 3
- conseiller et suggérer ☐ ☐ ☐
- exprimer ma surprise ☐ ☐ ☐
- féliciter quelqu'un ☐ ☐ ☐
- exprimer ma satisfaction ☐ ☐ ☐

Je peux écrire ou décrire : 😞 😐 😊

Module 1
- des événements de ma vie personnelle ou de la vie d'une autre personne ☐ ☐ ☐
- des événements historiques ☐ ☐ ☐
- une lettre de demande ☐ ☐ ☐
- une pétition ☐ ☐ ☐
- un texte publicitaire ☐ ☐ ☐

Module 2
- une publicité ou une photo ☐ ☐ ☐
- un tract ☐ ☐ ☐
- un poème ☐ ☐ ☐
- un questionnaire ☐ ☐ ☐
- une critique de film ou de livre ☐ ☐ ☐

Module 3
- une lettre de réclamation ☐ ☐ ☐
- une lettre d'amour ou de rupture ☐ ☐ ☐
- une lettre de félicitations ☐ ☐ ☐
- mon opinion personnelle sur un fait ou un problème ☐ ☐ ☐

«Je fais le point»

Quand je **parle**, je sais : ☹ 😐 ☺

Module 1
- décrire des événements au passé ☐ ☐ ☐
- décrire le caractère d'une personne ☐ ☐ ☐
- situer des faits dans le temps ☐ ☐ ☐
- parler d'un projet ☐ ☐ ☐
- formuler une résolution ☐ ☐ ☐
- faire des comparaisons ☐ ☐ ☐

Module 2
- argumenter ☐ ☐ ☐
- exprimer le doute ou la certitude ☐ ☐ ☐
- exprimer mes sentiments ☐ ☐ ☐

Module 3
- faire des hypothèses ☐ ☐ ☐
- exprimer des regrets ou des reproches ☐ ☐ ☐
- exprimer ma satisfaction ☐ ☐ ☐

La France, les Français et la francophonie ☹ 😐 ☺

Module 1
- Je peux citer le nom d'un grand cuisinier français, d'une journaliste française et d'un écrivain belge ☐ ☐ ☐
- Je connais une ville de province française et un événement historique qui s'y est passé ☐ ☐ ☐
- Je connais un contrat qui peut remplacer le mariage en France ☐ ☐ ☐
- Je sais comment un Français se fait rembourser ses médicaments ☐ ☐ ☐
- Je comprends la place des nouvelles technologies dans la société française ☐ ☐ ☐
- Je peux citer le nom d'un train français et d'une compagnie aérienne française ☐ ☐ ☐

Module 2
- Je peux citer une organisation humanitaire française ☐ ☐ ☐
- Je sais ce qu'est une HLM et un grand ensemble ☐ ☐ ☐
- Je peux citer trois pays, hors de France, où on parle français ☐ ☐ ☐
- Je connais deux ou trois fêtes qu'on célèbre en France ☐ ☐ ☐
- Je peux décrire un tableau ☐ ☐ ☐
- Je peux décrire une publicité française ☐ ☐ ☐

Module 3
- Je peux citer deux chaînes de télévision et une station de radio françaises ☐ ☐ ☐
- Je peux citer trois lieux touristiques en France ☐ ☐ ☐
- Je peux citer deux ou trois problèmes que veulent résoudre les écologistes ☐ ☐ ☐
- Je peux donner le nom des deux assemblées qui forment le parlement français ☐ ☐ ☐
- Je peux citer le nom de deux sportifs français ☐ ☐ ☐
- Je peux expliquer à quoi sert le programme Erasmus/Socrate ☐ ☐ ☐

L'Institut

L'Institut est dans un immeuble discret du centre-ville. On peut très facilement passer devant et ne jamais le remarquer. Mais Francis regarde bien les numéros de la rue et quand il arrive devant le 53bis, il s'arrête, ne voit rien de particulier sur la porte. Il entre.

Derrière la porte, un long couloir conduit jusqu'à une cour, et un escalier mène au premier étage. Il monte les marches, encore un escalier puis se trouve devant plusieurs portes fermées. Sur le mur, il remarque une affiche colorée avec un texte. Il lit :

« Si tu viens d'Afrique, d'Europe, d'Amérique, d'Australie ou bien d'Asie, tu es notre ami. »

Francis sort son mini-appareil photo numérique de sa poche et prend une photo de l'affiche. Il se dit que ça peut toujours servir. Il regarde encore autour de lui. Il se trouve dans une entrée spacieuse, haute de plafond, de forme carrée. Des chaises et des fauteuils attendent l'arrivée de visiteurs fatigués. Sur les murs, la peinture gris-beige a besoin d'être refaite. Un couloir part de cette entrée. Une fenêtre donne sur la rue et apporte un peu de lumière. Des rideaux sales protègent des regards indiscrets.

Francis s'approche du couloir pour voir où il mène. Au même moment, la porte d'entrée s'ouvre. Un jeune homme, grand, brun, dynamique, entre dans la pièce. Il n'a pas l'air surpris de voir Francis et lui demande tout de suite :

– Vous venez pour un renseignement ?

Et sans laisser le temps de répondre, il continue :

– Le monsieur qui vient faire le ménage a encore oublié de fermer la porte à clef hier soir. Mais je ne suis pas inquiet, il n'y a rien de grande valeur à voler ici, toute notre richesse est dans notre tête, et la tête, on ne peut pas nous la voler, je crois…

Il rit, se dirige vers le couloir et s'arrête. Il regarde Francis et lui demande :

– Que puis-je pour vous ?

– Il y a quelques jours, j'ai vu une affiche publicitaire pour votre institut et j'ai décidé d'en savoir plus.

– Excellente idée ! Eh bien, suivez-moi, nous allons dans mon bureau, je vais vous donner de la documentation. Par ici, je vous prie.

Le jeune homme avance dans le couloir et s'arrête devant une porte. Il l'ouvre et fait signe à Francis d'entrer. Francis entre dans la pièce et soudain il entend la porte se refermer derrière lui. Puis il entend la clé tourner deux fois dans la serrure. Il regarde alors la fenêtre : elle a des barreaux.

Dans la pièce, il n'y a qu'une chaise et une table. Ça ne ressemble pas vraiment à un bureau mais plutôt à une cellule de prison. Francis s'assoit et prend dans la poche de sa chemise son appareil photo intégré à son téléphone portable. Il veut absolument vérifier que les appels peuvent sortir de la pièce. Il compose alors un numéro sur le clavier.

– Allô, c'est moi. (…) Je suis à l'intérieur, mais on m'a enfermé dans une salle. Pour l'instant, je n'ai vu qu'un jeune homme, grand et brun. (…) Oui, c'est lui qui m'a enfermé. J'ai pris une photo de l'affiche, je te l'envoie tout de suite. Je te rappelle si j'ai du nouveau…

Et il raccroche. Il a à peine le temps de remettre l'appareil dans sa poche qu'il entend des pas dans le couloir. Des chaussures à talons hauts, des chaussures de femme. Un pas ferme, rapide mais sans précipitation, d'une vitesse bien calculée. C'est sans doute une habituée du couloir qui économise son énergie pour être sûre de tenir jusqu'au soir. C'est probablement une secrétaire. Les pas s'arrêtent devant la porte. Un silence, puis une feuille est glissée sous la porte. La personne repart.

Francis va chercher le papier. Il voit le texte complet de la conversation téléphonique qu'il vient d'avoir, y compris les paroles de son interlocuteur. Il trouve aussi une copie de la photo qu'il a envoyée. Il remarque en haut à gauche le numéro de la personne qu'il vient d'appeler ainsi que son nom, et en dessous son propre numéro et son nom. Visiblement, on dispose dans cet institut de moyens techniques puissants.

Francis reste là de longues minutes. Il entend les bruits de la rue, les voitures qui passent, les enfants qui crient. Le quartier est vivant. La pièce où il se trouve ne peut lui apporter aucune information. La table n'a pas de tiroirs. Rien sur les murs. Plus aucun bruit venant du couloir. Il est tenté un moment de passer un deuxième appel juste pour le plaisir d'entendre à nouveau les pas de la secrétaire qui vient lui apporter la transcription de sa communication téléphonique. Mais finalement, il décide de repenser à ce qu'il vient de vivre pour essayer de comprendre ce qui lui arrive. Il se perd dans ses pensées et finalement il s'endort.

Quand il se réveille, il remarque qu'on a posé un sandwich sur la table. Il est appétissant, il dégage une bonne odeur de rôti avec des cornichons. On a aussi mis une canette* de bière. Décidément, les gens chez qui il se trouve ont certes des méthodes bizarres mais ils n'ont pas l'air de vouloir lui faire de mal. Il hésite, mais finit par mordre dans le sandwich, histoire de s'occuper. Pendant qu'il digère, il repart dans ses pensées. Il finit par perdre la notion du temps.

* Une canette : une petite bouteille de bière.

Activités

1. **Remettez dans l'ordre les phrases de ce résumé.**
a. Il monte un escalier et entre dans un bureau.
b. Il prend une photo d'une affiche. **c.** Il téléphone à un ami mais sa conversation est écoutée par quelqu'un d'autre. **d.** Francis entre dans un immeuble discret du centre-ville. **e.** Il réfléchit et se perd dans ses pensées. **f.** Francis se retrouve enfermé dans une salle.
g. Un jeune homme lui demande ce qu'il veut.

2. **Complétez avec le bon verbe au passé (passé composé ou imparfait).**
se trouver • pouvoir • prendre • se dire • avoir • s'approcher • sortir • regarder • partir • attendre • protéger • mener • donner • apporter.

Francis ... son mini-appareil photo numérique de sa poche et ... une photo de l'affiche. Il ... que ça ... toujours servir. Il ... encore autour de lui. Il ... dans une entrée spacieuse, haute de plafond, de forme carrée. Des chaises et des fauteuils ... l'arrivée de visiteurs fatigués. Sur les murs, la peinture gris-beige ... besoin d'être refaite. Un couloir ... de cette entrée. Une fenêtre ... sur la rue et ... un peu de lumière. Des rideaux sales ... des regards indiscrets. Francis ... du couloir pour voir où il ....

3. **Comment trouvez-vous ce récit ? Soulignez les adjectifs qui conviennent et expliquez pourquoi.**
amusant • mystérieux • bizarre • intéressant • ennuyeux • prenant • énervant.

4. **Imaginez la suite de l'histoire.**

Enfin, Francis entend un bruit de pas dans le couloir. Cette fois, ce n'est pas la secrétaire. On dirait plutôt deux hommes. La clé tourne dans la serrure. Le jeune homme brun entre dans la pièce, suivi d'un homme plus âgé portant une barbe.

Francis se lève et prend tout de suite la parole.

– Je veux savoir qui vous êtes et ce qui vous autorise à me garder prisonnier.

Les deux autres l'écoutent avec calme. Le barbu répond.

– Mais, mon cher monsieur, comme vous pouvez l'imaginer, nous sommes deux membres de l'Institut, cet Institut que vous avez décidé de visiter. Mais dois-je vous rappeler que vous avez pénétré dans une propriété privée sans autorisation et que, toujours sans autorisation, vous avez pris une photo d'un document que vous avez transmise à l'extérieur… Donc, cher monsieur, c'est plutôt à nous de vous demander des explications, et en particulier, voulez-vous bien nous dire ce que vous êtes venu faire ici ?

– Je l'ai déjà dit à votre collègue, je suis tout simplement venu demander des renseignements sur votre institut.

– Très bien… Vous avez déclaré avoir vu une affiche publicitaire, probablement sur le modèle de celle qui se trouve dans l'entrée. Mais, cher monsieur, vous devez savoir qu'une telle affiche publicitaire n'existe pas, nous ne faisons aucune publicité pour l'Institut, et surtout pas avec des affiches dans des lieux publics. Le dessin que vous avez vu dans l'entrée est une sorte de blague, nous nous sommes amusés à le faire, et c'est un exemplaire unique. Vous nous avez donc menti quand vous avez parlé d'une affiche. C'est ce qui a motivé notre décision de vous isoler dans cette pièce. Il est vrai que nous vous avons laissé attendre un peu longtemps, et je suis prêt à vous en demander pardon. J'étais en déplacement et mon « collègue », comme vous dites, a préféré attendre mon retour pour traiter cette affaire.

Il désigne la chaise.

– Notre conversation risque de durer un peu, je vous en prie, asseyez-vous.

Les deux membres de l'Institut s'installent directement sur le bureau et Francis se rassoit sur la chaise. Le barbu continue.

– Mais, nous n'avons pas commencé par le début. Nous ne nous sommes pas présentés. Je vous laisse commencer.

– Vous connaissez déjà mon nom puisqu'il est sur la transcription de ma conversation téléphonique.

– Oui, M. Francis Martin, nous connaissons votre nom. Votre adresse, aussi. Mais nous aimerions savoir qui vous êtes.

– D'accord. Je suis journaliste. Je travaille pour *Le Globe*. Voici ma carte de presse.

– C'est un journal sérieux d'habitude, je suis étonné de voir les méthodes pratiquées par ses journalistes.

– N'exagérons rien. Je n'ai pas cassé la porte d'entrée…

– Vous n'en avez pas eu besoin, elle était ouverte !

– Et je n'ai rien volé, non plus !

– Vous n'en avez pas eu le temps. Heureusement, Erik est arrivé au bon moment pour vous maîtriser. Et grâce à notre système de surveillance, très discret, mais très efficace, nous avons pu voir que vous vous dirigiez vers le couloir, probablement pas pour aller aux toilettes, n'est-ce pas…

– Tant de surveillance, de méfiance. Vous avez donc quelque chose à cacher ?

L'homme à la barbe regarde Francis droit dans les yeux avant de lui répondre :

– Nous n'avons rien à cacher à ceux qui méritent notre confiance, mais comme tout le monde, je crois, nous avons des ennemis contre qui nous devons nous protéger. Mais nous n'avons pas encore fini les présentations. Erik Néri, qui est à côté de moi, est responsable technique. Je suis moi-même président de l'Institut. Je m'appelle Karl Hopra. Maintenant, dites-moi comment vous avez entendu parler de l'Institut.

– Par des rumeurs. Pour nous, journalistes, c'est notre métier d'être à l'écoute de ce que les gens racontent ici ou là. Mais je suis un journaliste d'investigation. Je vais sur le terrain pour vérifier si ce que l'on dit est vrai.

– Et les rumeurs vous ont même permis de connaître l'adresse de nos bureaux ?

– J'avais de très vagues informations, mais surtout, je connais très bien cette ville et j'ai remarqué cet immeuble particulièrement calme dans une rue très animée. Intuition, expérience, chance, ce sont mes outils de travail.

– Comme vous le savez probablement déjà, nous ne communiquons pas avec l'extérieur, nous ne faisons aucune publicité et nous n'avons aucune relation avec la presse. Puisque vous êtes journaliste, je ne peux pas vous donner d'informations, mais je ne peux pas non plus vous laisser partir. Avec le peu que vous avez appris aujourd'hui, vous pouvez déjà nous nuire par vos articles.

– Je n'ai aucune intention de vous nuire.

Activités

1. **Complétez avec le nom qui correspond.**
Exemple : Il digère. → Il est en pleine digestion.

a. Elle a menti. → Elle a raconté ….
b. Il se déplace souvent pour son travail.
→ Il est souvent en ….
c. Nous avons blagué.
→ Nous avons fait une ….
d. On vole beaucoup dans le métro.
→ Il y a beaucoup de ….
e. La pollution nuit à la santé.
→ La pollution est une ….
f. Qu'avez-vous décidé ? → Vous avez pris une … ?
g. Ne vous inquiétez pas ! → N'ayez aucune ….
h. On respecte tout le monde. → On a du ….
i. Vous avez amélioré vos résultats. → Il y a une ….

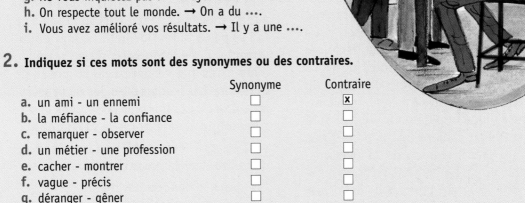

2. **Indiquez si ces mots sont des synonymes ou des contraires.**

	Synonyme	Contraire
a. un ami - un ennemi	☐	☒
b. la méfiance - la confiance	☐	☐
c. remarquer - observer	☐	☐
d. un métier - une profession	☐	☐
e. cacher - montrer	☐	☐
f. vague - précis	☐	☐
g. déranger - gêner	☐	☐

3. **Pensez-vous que Francis va rester longtemps enfermé ? Expliquez pourquoi ?**

4. **À votre avis, quelles sont les activités de l'Institut ?**

– Comprenez que nous ne pouvons pas vous croire sur parole. Je dois donc réunir un conseil spécial qui va décider de ce que nous allons faire de vous. Ça peut prendre un peu de temps. Nous allons donc améliorer le confort de cette salle.

Erik se dirige vers un mur, fait glisser un panneau qui laisse apparaître des boutons électriques. Il appuie sur un de ces boutons et un mur se déplace, se sépare en deux. La pièce a maintenant doublé de volume. Dans la nouvelle partie, un lit est installé, et il y a un meuble avec un poste de télé et des livres, une radio, un lecteur de DVD. Dans un coin, une porte donne sur une petite salle avec un lavabo, une douche et des toilettes. Ça ressemble à une chambre dans un Hôtel de la Gare de province dans les années cinquante. Ensuite, Erik montre un autre bouton.

– Si vous avez besoin de quelque chose, à boire ou à manger, par exemple, vous pouvez appuyer sur ce bouton qui vous permet d'entrer en communication avec notre assistante, Karin.

Karl intervient.

– Maintenant, nous allons vous laisser. Avant de partir, je vais vous demander de me laisser votre portable.

Francis donne son téléphone portable à Erik. Karl continue.

– Je vous signale que nous avons un programme informatique assez sophistiqué (il lance un regard amusé vers Erik) qui nous a permis de synthétiser votre voix et d'envoyer un appel à la personne que vous avez contactée. Nous lui avons dit, avec votre voix, que vous étiez sorti du bâtiment, qu'il n'y avait pas de problème, qu'il ne s'inquiète plus pour vous et qu'il attende vos prochaines instructions. Nous avons un grand respect de la personne humaine, et nous n'aimons pas que quelqu'un soit dérangé pour rien. Au revoir, monsieur Martin.

Le lendemain matin, c'est Erik qui vient voir Francis dans sa chambre.

– Il faut que vous me laissiez sortir d'ici, maintenant, lui déclare tout de suite Francis.

– J'aimerais vous faire plaisir, mais vous savez que c'est impossible pour l'instant. Nous devons prendre certaines précautions. Mais, je peux vous assurer que vous ne serez pas mal traité. Justement, je venais vous proposer un peu de distraction : un film en DVD.

– Je préfère aller au cinéma !

– Désolé, nous n'avons pas de salle de cinéma ici. Mais nous avons un très bon choix de films. Vous seriez tenté par un film allemand, espagnol, italien ?

– Pourquoi pas un film français ?

– Malheureusement, nous avons envoyé tous nos films français à l'extérieur pour un séminaire. Mais je pense que vous apprécierez ce film italien, il est excellent… Vous parlez italien ?

– Non. Je parle anglais et un peu espagnol.

– Mais c'est une langue que vous aimez entendre ?

– Oui, il me semble…

– Et bien sûr, il y a des sous-titres en français. Installez-vous dans ce fauteuil, il est particulièrement confortable.

Francis s'assoit dans le fauteuil, juste en face de l'écran de télévision. Quand le film est commencé, Francis se concentre sur les images et ne fait plus attention à ce qui se passe autour de lui. Une fois le film terminé, il a l'impression de se réveiller. Mais il n'a pas le temps de se poser de questions car il entend les pas de la secrétaire dans le couloir puis la clé dans la serrure pour ouvrir la porte de sa chambre.

C'est une femme différente de la veille qui entre dans la pièce.

– Vous n'êtes pas Karin !

– *Sono Karla.* (À partir de ce moment, toute la conversation est en italien.)

– Vous êtes la nouvelle secrétaire ?

– Oui, j'ai dû remplacer Karin qui est en congé aujourd'hui.

– Très bien, vous êtes très jolie… Vous êtes d'où ?

– De Milan.

– Ah, vous êtes italienne ?

– Mais bien sûr, et nous parlons italien actuellement…

– Je ne parle pas italien, vous devez vous tromper !

– Je vous assure, vous parlez très bien italien. Vous êtes d'accord, Erik ?

Francis se rend alors compte qu'Erik est assis dans un coin de la pièce.

– C'est vrai, Francis, vous parlez couramment italien. Et pourtant, vous avez déclaré que vous n'aviez jamais appris cette langue. Vous m'avez donc menti ?

– Je ne vous ai pas menti ! Je ne parle pas italien !

Activités

1. **Quel est le synonyme ?**

   a. l'avenir   ☐ l'arrivée   ☒ le futur

   b. un outil   ☐ un jouet   ☐ un instrument

   c. enlever   ☐ retirer   ☐ augmenter

   d. le talent   ☐ l'aptitude   ☐ l'histoire

   e. l'aube   ☐ le début   ☐ la fin

   f. coopérer   ☐ collaborer   ☐ discuter

2. **À quel sujet correspondent ces mots ?**

	le cinéma	le corps
un film	☒	☐
les mains	☐	☐
le cerveau	☐	☐
les images	☐	☐
l'œil	☐	☐
les sous-titres	☐	☐
un écran	☐	☐
les genoux	☐	☐

3. **Comment l'Institut compte-t-il utiliser la télévision ?**

4. **Complétez cet extrait avec :**

déjà • aucune • comme • d' • puisque.

… (1) vous le savez probablement déjà, nous ne communiquons pas avec l'extérieur, nous ne faisons … (2) publicité et nous n'avons aucune relation avec la presse. … (3) vous êtes journaliste, je ne peux pas vous donner … (4) informations, mais je ne peux pas non plus vous laisser partir. Avec le peu que vous avez appris aujourd'hui, vous pouvez … (5) nous nuire par vos articles.

Erik s'avance et dépose un journal sur les genoux de Francis.

– Pouvez-vous lire ce journal ? Dites-moi si vous comprenez ce qui est écrit.

– Oui, je comprends tout.

– Vous voyez le titre ? C'est un journal italien.

– Vous avez raison. Je ne sais pas comment c'est possible.

– Je vous dois quelques explications. Nous avons profité de votre présence « obligée » ici pour faire une petite expérience. C'est aussi l'occasion de vous montrer ce que nous faisons à l'Institut. Nous avons découvert un programme informatique qui, quand il est relié à un écran de télévision, permet de mettre le spectateur dans une sorte d'état d'hypnose. Alors, nous nous sommes demandé ce que nous pouvions faire de ce programme, à quoi peut bien servir un appareil qui endort si facilement les gens. Et c'est alors que Karl, notre président, a eu l'idée d'utiliser cet outil pour diffuser des connaissances. Le cerveau est mis dans un état de très grande réceptivité. Grâce aux images, au son et à des messages invisibles à l'œil nu, des quantités importantes d'informations peuvent être transmises au cerveau. Des informaticiens, dont je fais partie, mais aussi des neurologues, des linguistes, des psychologues ont travaillé ensemble pour optimiser le programme. Et vous venez de participer à un test du système. Superbe résultat ! En 90 minutes, vous venez d'apprendre une nouvelle langue !

– Je comprends maintenant pourquoi vous vous entourez d'autant de secret. Il ne faut pas qu'un tel système soit dans n'importe quelles mains.

– Parfaitement. Imaginez les dégâts si des gens malintentionnés utilisaient notre découverte. La population ne pourrait plus résister aux messages politiques ou aux publicités commerciales, par exemple. Il ne faut pas qu'on puisse manipuler les gens n'importe comment. Vous êtes suffisamment intelligent pour avoir compris ça tout de suite.

– Pourquoi me faites-vous confiance ?

– Je vous l'ai dit, nous avions besoin de tester notre système, et puis nous avons maintenant pas mal de renseignements sur vous et nous pensons que vous pouvez nous apporter de l'aide. Je dois vous préciser que, pour l'instant, le programme ne fonctionne que si la personne est d'accord. Si vous aviez refusé totalement de regarder un film, ou si vous détestiez la langue italienne, l'expérience n'aurait pas pu réussir.

– Vous-même, vous avez appris l'italien par la même méthode ?

– Absolument. J'ai aussi appris l'allemand, le russe et le japonais.

– Et vous, Karla ?

– Moi, je suis de langue maternelle italienne. Mais je participe au développement du programme pour l'éducation des enfants d'Afrique.

– Magnifique ! Vous avez entre les mains un outil qui a un énorme potentiel. J'étais vraiment loin d'imaginer tout ça !

– À présent, mon cher Francis, vous allez devoir prendre une décision importante. Grâce au système, l'Institut a développé des outils pour se protéger des esprits dangereux. Voici le choix que nous vous offrons : soit vous décidez de ne pas coopérer avec nous, alors nous utiliserons un film qui va effacer dans votre esprit toutes les informations nous concernant et vous découragera de vous occuper de nous à l'avenir ; soit vous êtes d'accord pour participer à nos recherches, auquel cas vous verrez un film qui va conditionner votre esprit pour que vous n'ayez jamais l'intention de nous nuire et que vous protégiez en toutes circonstances les intérêts de l'Institut. Vous n'êtes pas obligé de répondre maintenant, vous pouvez prendre du temps pour réfléchir.

– C'est tout réfléchi ! Je veux travailler avec vous.

– Bien entendu, vous ne manquerez pas d'argent. Certaines personnes nous soutiennent avec une grande générosité.

– C'est une question secondaire pour moi.

– Une autre chose, Francis, nous avons un petit code entre nous, notre prénom doit toujours contenir la lettre K. Il faudra donc qu'on modifie un peu votre prénom, que pensez-vous de… Francesko !

– Un nouveau prénom pour une nouvelle vie.

– Bienvenu, Francesko !, s'est exclamée Karla.

– Merci ! J'espère que je serai à la hauteur et que je pourrai vous être utile.

Erik continue.

– Ce prénom sera intégré à votre conditionnement et vous perdrez tout souvenir de vous être déjà appelé Francis. En revanche, quand vous serez à l'extérieur, vous vous ferez appeler Francis, pensant que c'est un pseudonyme.

Deux jours plus tard a eu lieu la cérémonie de conditionnement de Francis pour qu'il devienne Francesko. Le président Karl était là, ainsi que de nombreux membres de l'Institut. Dans une grande salle obscure, Karl a fait un discours pour présenter Francis. Il a parlé de ses qualités, de la façon courageuse dont il était entré en contact avec l'Institut, ce qui a provoqué quelques rires. Il y a eu ensuite un vote, car la décision de conditionner un nouveau membre doit être prise à l'unanimité. Une fois le vote obtenu, Francis a été recouvert d'un manteau blanc et il a pris place dans un large fauteuil devant un écran. C'était l'occasion pour les anciens membres d'être spectateurs d'une procédure dont le souvenir avait été effacé de leur esprit par le conditionnement. Une fois le programme terminé, Francesko, à qui on avait enlevé le manteau blanc, s'est mêlé aux autres personnes sans se souvenir que tout le monde était là pour lui. Il avait commencé sa nouvelle existence.

Francesko est retourné travailler au journal et grâce à ses nouveaux talents développés par son conditionnement, il a fait l'admiration de tous et s'est vite retrouvé rédacteur en chef, puis directeur d'un magazine. Il compte bientôt prendre les commandes d'une émission de télévision et ainsi augmenter considérablement l'action de l'Institut. Par la télévision, le conditionnement pourra se faire à l'échelle des masses. En quelques jours, la quasi-totalité des habitants de la Terre pourra être conditionnée. Comme on le dit souvent à l'Institut, nous sommes à l'aube d'un Homme nouveau…

FIN

Activités

1. Pourquoi Erik montre-t-il un journal à Francis ?

2. Présentez le programme inventé par l'Institut.
   a. Quels en sont les objectifs ?
   b. Quelles sont les différentes étapes de son utilisation ?
   c. Est-il parfaitement au point ou doit-il être amélioré ? Pourquoi ?
   d. Pourquoi ce programme ne doit-il pas être rendu public ?

3. Imaginez une autre fin pour cette histoire.

Transcriptions

module 1

leçon 1, Oral, page 13

PRONONCEZ

1. Il nage → présent. Il a nagé. On a dîné. On dîne. Elle cherche. Elle a cherché. Tu as pensé. Tu penses. J'ai proposé. Je propose.
2. Il a mangé. Il mangeait. Je suis allé. J'allais. On pensait. On a pensé. Tu remarquais. Tu as remarqué. Elle a été. Elle était.
3. Il a regardé. Il regarde. Il regardait. Elle a cherché. Elle cherche. Elle cherchait. Tu as mangé. Tu manges. Tu mangeais. J'ai demandé. Je demande. Je demandais. Ils ont souhaité. Ils souhaitent. Ils souhaitaient.

COMMUNIQUEZ

2. *Extrait de l'émission « Maxime au maximum »*
AGNÈS : Bonjour à tous, moi, c'est Agnès. J'ai 16 ans et j'habite dans le Nord.
MAXIME : Salut, Agnès. Tu veux nous parler de quoi ?
AGNÈS : J'ai un problème avec mon « look ». J'aime mes copines de lycée, leur façon de s'habiller, de se coiffer. Moi, j'ai tout essayé sans trouver ce qui me va. Je me dis que c'est peut-être parce que je n'ai pas confiance en moi, ou que je ne suis pas assez mûre.
MAXIME : Alors, nous allons demander son avis à M. Lacroix, le grand créateur de mode, qui nous a fait l'amitié de passer nous voir.
M. LACROIX : Salut, Agnès. Dis-moi, d'abord, ce problème de « look », c'est juste ton impression ou on te l'a déjà dit ?
AGNÈS : C'est ce que je pense.
M. LACROIX : Je suis persuadé que les autres te trouvent très bien. En tout cas, tu es une jeune fille charmante. Quand tu vas acheter des vêtements, ou chez le coiffeur, n'hésite pas à demander des conseils, à essayer différentes choses. Et puis le « look », ça se construit petit à petit, à partir de ce qu'on aime, de ce qu'on a fait avant...

Delf • Cadre européen, page 17

A. *Christelle, pouvez-vous nous dire comment vous êtes devenue fleuriste ?*
On peut dire que mes études ne me destinaient pas à cette profession ! Quand j'ai passé mon bac, j'aimais bien l'économie, la politique et la communication. J'ai donc fait Science Po à Bordeaux et j'ai obtenu mon diplôme sans problème trois ans plus tard. Mais quand j'ai commencé à chercher du travail, cela n'a pas été aussi facile que je pensais. En fait, j'ai réussi à avoir deux postes d'intérimaire, pas très intéressants, de trois mois chacun en l'espace de deux ans. Un jour, une amie qui ouvrait une boutique de fleurs m'a demandé de l'aider. Et là, je me suis rendue compte que j'adorais le contact avec la clientèle et j'ai découvert que je savais instinctivement composer de beaux bouquets. J'ai trouvé ma voie !

B. *Serge, expliquez-nous un peu votre parcours professionnel.*
Eh bien, pendant toute ma scolarité, je me suis ennuyé, et je ne travaillais pas... Une seule chose m'intéressait : la musique. Je jouais des percussions dans un petit groupe de copains. À 16 ans, j'ai arrêté mes études à cause d'un grave problème de santé. J'ai alors suivi des cours par correspondance mais j'étais tellement démotivé que j'ai arrêté la deuxième année. Mais, à l'hôpital, où j'ai fait plusieurs séjours, j'ai rencontré le directeur d'un centre pour handicapés, passionné de musique comme moi. On a beaucoup discuté de thérapie par la musique. Six mois plus tard, je commençais à faire des animations dans son centre et ensuite d'autres associations m'ont demandé. C'est comme ça que je suis devenu musicien et que j'ai réalisé mon rêve !

C. *Katia, quelle est votre profession ?*
Je suis vétérinaire... mais vétérinaire à la campagne. C'est un peu différent du vétérinaire à la ville. Moi, j'habite dans un petit village des Pyrénées. On peut m'appeler le jour et la nuit et par tous les temps, je dois être disponible pour aider les agriculteurs avec leurs animaux. Ça demande beaucoup d'énergie et même de force physique, mais j'adore ça. Pour moi, c'est une vraie vocation et j'ai toujours vécu à la campagne, sauf évidemment pendant mes années d'études. C'est long, vous savez, les études de vétérinaire. Mais une fois mon diplôme en poche, je me suis mise tout de suite à travailler.

leçon 2, Oral, page 19

PRONONCEZ

1. C'est leur patron. → « on » - C'est leur patronne. → « onne » - Bonne journée ! - Bon dimanche ! - Il prend son temps. - Ça sonne. - Qu'est-ce qu'ils font ? - Ils téléphonent. - On mange ?
2. Il est parisien. → Elle est parisienne. - Il est brésilien. - Il est norvégien. - Il est lycéen. - Il est technicien.

Delf • Cadre européen, page 23

1. a. Pas question ! Je t'avais dit la semaine dernière que tu devais rester à préparer ton examen. **b.** Bon, je veux bien, mais c'est exceptionnel. **c.** Vous voyez bien que c'est interdit : regardez le panneau ! **d.** Nous ne voulons absolument pas te prêter la voiture : c'est trop dangereux. **e.** J'accepte, mais à condition que tu rentres à minuit. **f.** On te donne la permission, mais fais attention, sois prudent ! **g.** Allez, je suis d'accord... Soyez quand même raisonnables.

2. *Dialogue A*
– Je voudrais envoyer ce paquet, s'il vous plaît.
– C'est pour la France ou pour l'étranger ?
– Pour les États-Unis.
– Il faut remplir une fiche de douane.
– Qu'est-ce que j'écris ?
– Vous expliquez ce qui est dans votre paquet et vous mettez la valeur approximative.
– C'est un cadeau.
– Alors, vous écrivez que c'est un cadeau et vous précisez ce que c'est exactement et vous donnez le prix.
– Quand est-ce qu'il arrivera ?
– Dans une semaine, normalement.

Dialogue B
– Bonjour.
– Bonjour, madame.
– J'ai perdu ma montre dans le métro.
– Quel jour ?
– Samedi soir.
– Sur quelle ligne ?
– La ligne 8.
– Vous êtes sûre que c'est dans le métro que vous l'avez perdue ?
– Oui, parce que je l'avais mise le matin, comme d'habitude.
– Qu'avez-vous fait ensuite ?
– Je suis allée au cinéma.
– C'est peut-être là que vous l'avez perdue.
– Non, parce que c'est quand j'ai pris les billets que je me suis aperçue que je l'avais perdue.

– D'accord... Eh bien, remplissez cette déclaration de perte.

Dialogue C

– Excusez-moi, est-ce que c'est ici qu'on demande sa carte d'électeur ?

– Oui, vous avez quel âge ?

– J'ai 18 ans depuis deux mois.

– Vous habitez dans cette ville depuis combien de temps ?

– Depuis que je suis né.

– Bien, voici une demande à remplir. Vous devez la rapporter à ce bureau avec les pièces de la liste.

leçon 3, Oral, page 25

GRAMMAIRE

1. a. Je m'appelle André. b. Il fait beau. c. Tu parles français. d. Vous habitez par ici ? e. Écoutez ! f. Elle ne comprend pas. g. Je peux venir avec vous ?

PRONONCEZ

1. appareil → son [εj] - travail - grenouille - feuille - braille - accueil - essaye - fauteuil - mouille - mon œil - soleil.

2. pas → paille - gri - fi - ba - ca - parai - apparai - vai - fou - rou.

3. appuie → appuyez - essuie - vois - sois - aie - assieds-toi - envoie.

Delf • Cadre européen, page 29

Je pense que c'est vraiment dommage que ma meilleure amie ne me parle plus. Tout cela à cause des courriels qu'on s'est envoyés. Il y a une semaine, j'ai reçu un message d'elle me disant qu'elle était invitée à une soirée d'amis communs. Je lui ai répondu par courriel que j'étais très surprise de ne pas être invitée. Elle m'a alors envoyé un autre message en m'accusant d'avoir l'esprit de persécution. J'ai vraiment trouvé que c'était injuste. Je lui ai aussitôt répondu qu'elle exagérait et que je ne comprenais pas pourquoi elle réagissait comme ça. Elle a répliqué que je faisais des histoires pour rien et que ce n'était pas sa faute si je n'étais pas invitée et qu'elle en avait assez de ma jalousie excessive. Finalement, de message en message, le ton montait et j'avais l'impression qu'on était dans une spirale qu'on ne pouvait plus arrêter. Alors, j'ai pris le téléphone pour lui parler mais elle a raccroché quand elle a entendu ma voix. Voilà où nous en sommes. Je ne sais plus quoi faire. Je crois qu'on répond trop vite aux messages... Finalement, le courrier électronique, c'est bien, mais à mon avis, ça n'a pas que des avantages.

leçon 4, Oral, page 31

PRONONCEZ

1. deux → son [ø] - vous - fou - feu - ceux - sous - doux - peu - eux - je veux.

2. doute → douteux - mousse - poudre - heure - désir - honte - peur.

Delf • Cadre européen, page 35

1. – Tu sais ce qui est arrivé à Jérémie ?

– Non, raconte.

– Eh bien, il est parti avec sa tante et ses cousines faire du ski à Avoriaz. La météo avait annoncé du beau temps. En fait, il a neigé tout le week-end et le thermomètre est descendu à –5. On ne voyait rien sur les pistes parce qu'il y avait un brouillard à couper au couteau. Il était en train de descendre une piste rouge avec une de ses cousines, mais à cause du brouillard, il n'a pas vu un sapin... et paf ! il est rentré dedans. Sa cousine a cru qu'il était mort. Elle a crié pour appeler d'autres skieurs qui ont alerté la station. Heureusement, il a été très vite réanimé et il a été

transporté sur un traîneau jusqu'à la station, puis il a été transféré à l'hôpital en ambulance. Là, il a été opéré. Il a eu de la chance : seulement une jambe cassée !

2. *Bruit du vent qui souffle. Cri d'une chouette. Silence. Des cris de femmes. Deux coups de revolver. Une porte qui s'ouvre. Des bruits de pas précipités dans l'escalier. Une porte qui s'ouvre. Bruit de pas rapides sur les graviers. Bruit d'une portière de voiture qui s'ouvre. Une voiture qui démarre rapidement. Silence. Cris d'un homme.*

leçon 5, Oral, page 37

PRONONCEZ

1. trois - quoi - et puis - la cuisine - la pluie - ouest - on traduit - tu bois ? - du bruit - un point - une voiture - un oiseau - bien cuit.

2. ta → toi - la - ra - va - ma - da.

3. nu → nuit - lu - su - pu - plu - bru.

Delf • Cadre européen, page 41

1. a. C'est décidé ! on vend la maison et on va s'installer à Paris... b. Je me demande si je vais partir ce week-end à la campagne... Qu'est-ce que tu en penses ? c. On hésite... la montagne ou la mer... On ne sait pas encore... d. Je ne suis pas sûre de vouloir partir à ces dates... Je vais voir... e. Ça y est, on a donné une réponse affirmative ! Je suis contente ! f. Oh... je vais réfléchir encore un peu. g. C'est oui, et on ne reviendra pas sur notre décision.

2. – Il faut vraiment qu'on se décide. Le mois de juillet, c'est dans deux mois. Si on attend trop longtemps, on n'aura plus de place.

– Tu sais bien que je n'aime pas trop voyager en groupe. C'est mieux de pouvoir partir à l'aventure.

– Oui, mais c'est plus fatigant et plus risqué : tu te rappelles l'année dernière quand tous les hôtels étaient pleins ? On a fini dans une horrible petite chambre chez l'habitant dans ce quartier bruyant... En plus, cela revient souvent moins cher de choisir un voyage organisé : regarde, en Turquie, on ne payera que les boissons. Tout est compris. Et on aura quand même deux journées totalement libres sur les dix jours.

– Moi, un sac à dos et un bon guide de voyage, voilà comment j'aime voyager. Je me sens plus libre et on rencontre plus facilement les gens du pays. Je trouve ça vraiment beaucoup plus enrichissant, pas toi ?

– Si j'ai bien compris, tu as pris ta décision : on partira seuls...

évaluation, page 45

COMPRÉHENSION ORALE

– *Que pensez-vous des portables, Christophe ?*

– Moi, je pense que c'est super pratique. Je ne vois pas comment on peut vivre sans. Par exemple, si on est bloqué quelque part et qu'on voit qu'on va arriver en retard, on peut téléphoner aux personnes qui vous attendent. Quand il y a un accident aussi, c'est utile. On peut appeler tout de suite la police.

– *Et toi, Séverine ?*

– Mon copain m'a dégoûtée des portables. Quand on était ensemble, ça n'arrêtait pas de sonner, quelquefois au cinéma, il oubliait de l'éteindre... et au restaurant, ça n'arrêtait pas de sonner. On s'est tellement disputés à cause de ça qu'on s'est séparés ! C'est nul !

– *Et toi, Jean ?*

– Mes parents sont rassurés depuis que j'ai un portable. On a fait un pacte : ils me paient le forfait, en échange je m'engage à toujours les rappeler s'ils me laissent un message... et évidemment, si je dépasse le forfait, c'est moi qui dois payer. Je trouve ça assez normal.

– *Et toi, Marine ?*
– J'essaie de résister. : je n'en ai pas. Parfois, ce n'est pas « portable » mais « insu... pportable » ! Je crois que c'est encore un produit gadget. On peut très bien vivre sans. Pourquoi créer encore de nouveaux besoins ? De toute façon, je n'ai pas d'argent et j'ai d'autres priorités...

module 2

leçon 6, Oral, page 49
GRAMMAIRE
1. a. J'adore le surf. → Ce que j'adore, c'est le surf. b. Son attitude m'énerve. → Ce qui m'énerve, c'est son attitude. c. Son attitude me choque. d. Je voudrais visiter l'Australie. e. J'attends avec impatience les prochaines vacances. f. Le billet d'avion coûte très cher. g. J'espère qu'il pourra venir.

PRONONCEZ
a. Si, si, il va à Toulouse. → insistance b. Tu peux rester, si tu veux. → ton neutre c. Il faut vraiment arrêter de faire du bruit. d. C'est comme vous voulez. e. Non, je vous en prie, c'est moi qui vous invite ! f. Mais si, il faut se mettre au travail. g. Ça m'est égal. Choisissez. h. Je ne sais pas vraiment... i. C'est absolument impossible !

Delf • Cadre européen, page 53
JOURNALISTE : *Pensez-vous que les parents doivent donner de l'argent de poche à leurs enfants ? Si oui, à partir de quel âge ?*
• 1ʳᵉ PERSONNE : Moi, je pense que c'est important de donner de l'argent régulièrement aux enfants. D'abord, c'est une marque de confiance, et puis ça leur apprend à gérer de l'argent... Et l'argent, ça fait partie de la réalité de la vie ! Ils voient aussi qu'ils ne peuvent pas tout acheter, qu'il y a des limites qu'on ne peut pas dépasser. On peut commencer par une très petite somme à 7 ans et augmenter progressivement à mesure que les enfants grandissent.
• 2ᴱ PERSONNE : Je suis complètement opposé au fait de donner de l'argent aux enfants. Je préfère leur donner de l'argent quand ils font un travail utile : laver la voiture, m'aider au jardin... Comme ça, ils apprennent que l'argent ne tombe pas du ciel. Je suis d'accord pour les récompenser quand ils ont de très bons résultats à l'école. Par exemple, nous avons offert un scooter à notre fils pour son bac.
• 3ᴱ PERSONNE : J'ai toujours pensé que l'argent de poche était le début de l'autonomie pour un jeune. Nous avons vraiment commencé à donner de l'argent de poche à nos enfants vers l'âge de 10 ans... mais nous étions très stricts. S'ils avaient tout dépensé, on ne leur en donnait pas plus. À partir de l'âge de 15 ans, on leur a donné une somme plus importante, mais ils devaient payer toutes leurs sorties eux-mêmes. Ce qui m'a fait plaisir, c'est le jour où ma fille, qui avait 18 ans et qui avait travaillé tout l'été dans un restaurant, nous a dit : « Vous n'avez plus besoin de me donner de l'argent de poche. » Elle avait vraiment gagné son indépendance.

leçon 7, Oral, page 55
GRAMMAIRE
2. a. Tu dois te réveiller. → Il faut que tu te réveilles. b. Je dois regarder dans mon agenda. c. Il doit travailler mieux. d. Vous devez écouter ce disque. e. Tu dois baisser le son. f. Ils doivent arrêter de fumer. g. Tu ne dois pas rentrer tard.

PRONONCEZ
1. le pot → son [o] - port → son [ɔ] - tôt - tord - mort - mot - corps - dehors - rose.
2. donne → dos - fort (faut) - vote (vos) - idiote (idiot) - sol (sot) - mode (mot).

3. Le téléphone sonne, je décroche, c'est Léo. Il dit trop de gros mots !

Delf • Cadre européen, page 59
JOURNALISTE : *Pensez-vous que les femmes doivent continuer à se battre pour leurs droits ?*
UN JEUNE HOMME : À mon avis, les femmes méritent d'être respectées comme tout le monde, ni plus, ni moins. Il ne faut pas exagérer non plus. En France, les femmes sont déjà complètement indépendantes. Elles peuvent exercer toutes les professions qui, avant, étaient réservées aux hommes. Elles peuvent divorcer. Si elles veulent rester célibataires et qu'elles veulent avoir un enfant, elles peuvent le faire. Plus personne ne les montrera du doigt. Je trouve ça bien d'ailleurs. Alors, je ne comprends pas ce qu'elles veulent encore. Pourquoi est-ce que le 8 mars est la journée des femmes ? Pourquoi est-ce qu'il n'y a pas la journée des hommes ? Il faut qu'elles arrêtent de croire qu'elles sont des victimes.
UNE JEUNE FILLE : Je ne suis pas tout à fait d'accord avec toi. J'ai lu que les femmes gagnent en moyenne 30 % de moins que les hommes. Pourtant, dans la loi, on dit que pour le même travail, une femme doit être payée autant qu'un homme. Et en politique, les femmes ne jouent pas un rôle important. Par exemple, demande aux gens s'ils peuvent imaginer la France avec une femme présidente de la République ; ils vont te répondre : « Sûrement pas ! » Alors, je crois qu'il faut que les femmes continuent à se battre pour une égalité totale.

leçon 8, Oral, page 61
VOCABULAIRE
2. Je suis arrivé à l'aéroport deux heures avant le départ. J'ai fait enregistrer mes bagages et je suis allé boire un verre avec ma copine. Nous nous sommes dit au revoir. J'ai passé le contrôle des passeports puis la sécurité. Je me suis installé dans la salle d'embarquement pour attendre. On nous a appelés et on a vérifié notre carte d'embarquement. Ensuite, je suis monté à bord, j'ai cherché mon siège, j'ai mis mon sac dans le coffre à bagages. J'ai attaché ma ceinture. Nous avons décollé à l'heure prévue. Le vol s'est très bien passé. Nous avons atterri sans problème. J'ai récupéré mes bagages. Maintenant, je fais la queue pour avoir un taxi.
GRAMMAIRE
a. Tu restes ici. Je préfère. → Je préfère que tu restes ici. b. Tu finis à l'heure. Je veux absolument. c. Viens avec tes amis. J'aimerais bien. d. Choisissez. J'aimerais mieux. e. Il réussira. Je souhaite. f. Ils prennent l'avion. Je préfère.

PRONONCEZ
1. jeu → son [ø] - jeune → son [œ] - heure - deux - vieux - sœur - peur - feu - fleur - jeudi - creux - cœur.
2. peur → peu - jeune (jeu) - veulent (veux) - peuvent (peut) - cœur (queue).

Delf • Cadre européen, page 65
LA FEMME : Tu sais ce que j'aimerais qu'on fasse cet été ?
L'HOMME : Qu'on parte faire du bateau, je sais, et je t'ai déjà dit que j'étais d'accord.
LA FEMME : Non, j'ai une autre idée...
L'HOMME : Ah bon ?
LA FEMME : Oui... Près de chez Joëlle, il y a une agence de voyages. Dans la vitrine, on a vu des photos superbes des Antilles, alors on est entrées et on a pris une brochure... Et regarde !
L'HOMME : Ah non ! Tu ne vas pas recommencer ! L'année dernière, tu voulais qu'on aille au Pérou, l'année d'avant, c'était le Mexique ! Tu ne peux pas te mettre dans la tête qu'on ne peut pas se payer ça ?

LA FEMME : Mais regarde. Il y a des voyages à tous les prix. Une semaine en Martinique à 799 euros dans un petit appartement tout confort devant la mer...
L'HOMME : Et pour ce prix, tu n'as même pas le petit déjeuner...
LA FEMME : Mais on ne va pas là-bas pour manger !... Oh ! toi, tu es vraiment déprimant...

leçon 9, Oral, page 67
GRAMMAIRE

2. a. Il est toujours en retard. Ça m'énerve. → Ça m'énerve qu'il soit toujours en retard. b. Il part avec elle. Elle est contente. c. Ils vont sur la côte. C'est super ! d. Il fait du bruit. Je ne supporte pas. e. Il ne peut pas venir. Je suis désolé. f. Il n'y a plus de fromage. Ça m'étonne.

PRONONCEZ

a. Ils sont déjà partis ! → la joie b. Ils sont déjà partis ! → la tristesse. d. On s'est bien amusés ! d. Il a plu toute la journée ! e. J'ai eu la plus mauvais note ! f. Je suis désolé que tu ne viennes pas ! g. Je suis content d'avoir fini !

Delf • Cadre européen, page 71
Deux jeunes mariées parlent de leur vie avec leur mari.
MAYA : J'adore qu'il m'apporte le café dans mon lit, le matin. Il se lève avant moi parce qu'il doit partir plus tôt que moi. J'entends vaguement qu'il se lève et moi, je peux me rendormir. Je sens l'odeur du café qui vient de la cuisine. Et en plus, il fait exprès d'approcher tout doucement avec le plateau, et il me réveille en me donnant un baiser. Vraiment, ça me met d'excellente humeur, il n'y a pas mieux pour commencer la journée !
LUCIE : Moi, c'est complètement différent. Ce qui me fait vraiment plaisir, c'est qu'on puisse aller se promener ensemble pratiquement tous les soirs après le dîner, quand il fait beau, bien sûr. On habite depuis peu en grande banlieue, et on en profite pour visiter le coin. J'aime qu'on soit ensemble comme ça, parce que, c'est sûr, le reste de la journée, on ne se voit pas. C'est l'occasion de se parler tranquillement, de se raconter ce qu'on a fait, de faire des projets. Quand il ne fait pas beau, notre balade me manque.

leçon 10, Oral, page 73
GRAMMAIRE

2. a. Je travaille avec cet ami. → C'est l'ami avec qui tu travailles. b. Il travaille dans ce bureau. c. J'habite avec cet étudiant. d. J'ai mis les clés sur cette table. e. Nous avons pensé à ces solutions. f. Ils se sont adressés à cette employée. g. Elle travaille près de ce musée.

PRONONCEZ

tu → son [y] - tout → son [u] - une - tour - sourd - usine - pur - toujours - vu - minute - coup - futur - dessous - dessus.

Delf • Cadre européen, page 77
Vous préférez ça *(on entend un bruit de fond, comme dans un train)* ou ça *(on entend de la musique)* ?
Connaissez-vous le nouveau lecteur de musique numérique Plexus, avec lequel vous pouvez emporter dans votre poche l'équivalent de 7 500 chansons ? C'est un appareil léger que vous pourrez avoir toujours sur vous.
Si vous êtes de ceux pour qui la vie est trop courte pour être triste *(on entend encore le bruit)*, il vous faut le lecteur Plexus. Ce n'est pas n'importe quel lecteur. Sa conception a bénéficié des innovations techniques les plus récentes. Vous serez séduits par ses performances extraordinaires.
C'est le moment de passer à la vitesse supérieure. De plus, avec le modèle Plexus 2, vous pourrez écouter la radio et enregistrer vos tubes favoris.

Il est urgent que vous ayez un lecteur à votre mesure. Lecteurs Plexus, le plaisir n'attend pas.

évaluation, page 81
COMPRÉHENSION ORALE

JOURNALISTE : *Aimez-vous danser, Diane ?*
DIANE : Oh, oui, j'adore ça. Danser pour moi, c'est même vital. Cela fait partie de ma vie, comme de manger, de boire... ou de faire du sport. Cela me fait du bien. Je peux même dire que j'en ai besoin physiquement. Je me mets parfois à danser toute seule chez moi. Cela me fait oublier tous mes problèmes. J'aime toutes les types de danses.
JOURNALISTE : *Et vous, Georges ?*
GEORGES : C'est un peu bête, mais comme je ne sais pas bien danser, je me sens toujours complexé quand je danse. C'est sans doute aussi parce que je suis timide. Je danse vraiment quand tout le monde danse et que je ne veux pas rester tout seul. Je préfère les danses où on n'a pas besoin d'être avec une partenaire, où on danse tous ensemble. Je danse surtout dans les boîtes de nuit.
JOURNALISTE : *Et vous, Sylvie ?*
SYLVIE : Quand j'étais jeune, je voulais devenir danseuse. Je faisais de la danse classique... et puis j'ai abandonné, c'était trop dur. Mais j'ai continué à danser, pour le plaisir, et surtout j'ai découvert la danse moderne. J'ai même suivi des cours de rock acrobatique et j'ai fait des compétitions. Je continue à prendre des cours pour connaître les dernières danses à la mode et les apprendre à mes amis quand on fait des fêtes.

---

module 3

leçon 11, Oral, page 85
PRONONCEZ

1. a. Toi ! Ici ! Incroyable ! b. Je ne sais pas pourquoi. c. Donne-moi ça ! d. Brigitte ! Mais... qu'est-ce que tu fais là ? e. Oh ! dis donc ! Il a réussi ! f. C'est fatigant.

COMMUNIQUEZ

1. a. Mon chien ne mange plus et il ne veut plus sortir. b. Tous les vendredis soir mes voisins mettent la musique très fort. c. Je suis trop grosse. d. Ma mère est très autoritaire. e. J'arrive toujours en retard à mes rendez-vous. f. Je ne dors pas bien la nuit.

Delf • Cadre européen, page 89
JOURNALISTE : *Élodie, Fabien et Valentin, pensez-vous qu'on devrait limiter la violence à la télévision ?... Élodie ?*
ÉLODIE : Si c'est pour protéger les enfants, il me semble que c'est plutôt aux parents de mieux surveiller ce que leurs enfants regardent. Il y a des parents qui laissent leurs enfants regarder n'importe quoi, juste pour avoir la paix. Maintenant il existe des systèmes pour contrôler l'accès de certains programmes. Les parents n'ont qu'à utiliser ces nouveaux moyens techniques... ou être là pour vérifier que leurs enfants ne regardent pas des émissions qui pourraient les traumatiser.
JOURNALISTE : *Et toi Fabien ? Qu'est-ce que tu en penses ?*
FABIEN : Chacun a le droit de voir ce qu'il veut... La violence fait partie de la vie. Et le journal télévisé, alors !... Vous ne trouvez pas qu'il est violent ? Pourquoi ne pas le supprimer ? Vous voyez bien que ce n'est pas possible ! De toute façon, on peut toujours changer de chaîne ou éteindre la télévision... Ou ne pas avoir de télévision tout simplement !
JOURNALISTE : *Valentin, quel est ton avis sur la question ?*
VALENTIN : Trop, c'est trop ! Oui, il faudrait vraiment limiter la violence à la télévision parce qu'on a vraiment l'impression

quelquefois qu'on encourage la violence. Les enfants, et pas seulement les enfants, les adultes aussi sont influençables... Quand on s'habitue à voir des scènes violentes, après on ne fait plus toujours la différence entre la fiction et la réalité. La violence provoque la violence. La télévision devrait montrer moins de films et d'émissions violentes et les mettre plus tard dans la soirée.

leçon 12, Oral, page 91

GRAMMAIRE

2. Que feriez-vous...

a. si on vous proposait un rôle dans une pièce de théâtre ? b. si on vous offrait un billet d'avion ? c. si un inconnu vous invitait au cinéma ? d. si vous perdiez votre porte-monnaie dans un train ? e. si on refusait de vous servir dans un magasin ? f. si vous voyiez une souris passer dans un restaurant ? g. si on vous offrait une coupe de cheveux gratuite ?

PRONONCEZ

1. et 2. le pain - le beurre - le vin - j'ai vu - un peu - ils vont - la peur - ils font - il veut - une folle - il a bu - un bol - j'ai pu - un feu - un vol - un bain - un pont.

Delf • Cadre européen, page 95

Monsieur Bertrand, ingénieur forestier, nous parle de la protection des forêts :

Quand on parle de la protection des forêts naturelles, on pense généralement aux forêts vierges, aux forêts tropicales comme l'Amazonie. Mais, même en France, les forêts sont en danger et, au moment des grandes tempêtes de décembre 1999, les Français, qui ont vu à la télévision des milliers d'arbres morts, des forêts entièrement détruites, ont pris conscience de l'importance des forêts. Protéger une forêt, c'est bien sûr protéger les arbres, prévenir les maladies, les soigner s'ils attrapent une maladie, éviter les risques d'incendie, les risques aussi de surexploitation du bois, c'est aussi nettoyer la forêt pour permettre aux jeunes arbres de pousser. Mais protéger la forêt, c'est également protéger les espèces de plantes et d'animaux qui y vivent car une forêt naturelle, c'est l'espace de vie de plus de dix mille plantes, animaux, champignons et micro-organismes. On considère qu'en Europe seulement 6 % des forêts sont bien protégées, et en France à peine plus de 1 % des forêts sont bien protégées. Une quarantaine d'animaux forestiers sont menacés de disparition : l'ours des Pyrénées par exemple. On voit donc qu'il y a encore un gros travail à faire, d'entretien, de prévention, d'information pour que nos forêts restent un lieu privilégié de promenade et de détente.

leçon 13, Oral, page 97

VOCABULAIRE

1. L'année dernière, nous sommes partis en vacances en Grèce. C'était la première fois qu'on partait en voyage organisé. On était un groupe d'une trentaine de personnes. On voyageait dans un autocar climatisé... On est allés visiter beaucoup de sites touristiques. Notre guide était un étudiant passionné d'archéologie. On avait aussi des excursions facultatives sur différentes îles. C'était un superbe séjour et on a rapporté plein de souvenirs... pas seulement des objets, mais aussi des sensations et des couleurs...

GRAMMAIRE

1. a. Un de vos amis, qui avait rendez-vous avec sa petite amie, l'a attendue pendant une heure. b. Un grand sportif a agressé physiquement un photographe qui voulait photographier ses enfants. c. Votre meilleur ami a accepté de tourner un spot publicitaire pour une marque de lessive. d. Des agriculteurs en colère ont brûlé des tonnes de fruits et de

légumes. e. Un de vos amis, qui a travaillé pendant un mois dans un restaurant, a reçu un salaire inférieur à la somme qui avait été fixée. f. Un voisin a envoyé un cadeau par la poste et le paquet a été perdu.

PRONONCEZ

1. a. J'aurais bien voulu la voir ! b. Vous auriez pu le dire plus tôt ! c. Nous aurions dû l'inviter... d. On aurait pu leur offrir à boire... e. Vous ne pourriez pas arrêter de parler ? f. Tu aurais pu arriver à l'heure !

Delf • Cadre européen, page 101

HOMME : Tu vois, on aurait dû partir en Espagne. Je suis sûr qu'on aurait eu beau temps. Ici, il pleut tous les jours.
FEMME : Ça va s'arranger, et puis, la campagne sous la pluie, ça a du charme aussi. C'est reposant.
HOMME : J'aurais préféré un peu plus de dépaysement. En Espagne, on aurait trouvé plein d'endroits à visiter, alors qu'ici, en Normandie, on connaît déjà.
FEMME : Tu ne vas pas te plaindre pendant toutes les vacances, quand même ! Et puis, ici aussi il y a des choses à découvrir. Tu vas voir. Toi qui aimes la peinture, on va visiter quelques musées, on va faire des excursions dans les fermes pour voir la fabrication du fromage et du cidre. Au moins, on peut se dire qu'en Espagne, on aurait souffert de la chaleur, alors qu'ici, on est bien...
HOMME : De toute façon, tu veux toujours avoir raison...

leçon 14, Oral, page 103

GRAMMAIRE

2. a. Après le théâtre, nous avons décidé d'aller au restaurant. Le premier restaurant était complet, le deuxième affichait un menu trop cher, le troisième ne nous a pas acceptés parce qu'il était tard, le quatrième était loin, nous avons marché, marché... b. La chanteuse commençait à chanter mais ils avaient oublié de brancher le micro... c. J'étais dans l'autobus et je lisais une critique sur un spectacle comique. J'étais complètement concentré sur ma lecture... d. Quand il est arrivé, le concert avait commencé. e. J'avais acheté les billets trois semaines avant le spectacle. Je les avais mis dans une boîte sur la cheminée. Le jour du concert, je ne suis pas repassé à la maison, je suis allé directement du bureau au théâtre...

PRONONCEZ

1. a. On se rappelle samedi ? b. Je te dis que c'est vrai. c. Qu'est-ce qui se passe ? d. Tu le penses vraiment ? e. Tu me donnes ton adresse ? f. Tu en as combien ?

Delf • Cadre européen, page 107

Des amis discutent.

H1 : Vous allez souvent au spectacle, vous ?
F : Pas souvent, non. En fait, c'est tellement cher qu'on doit faire attention.
H2 : C'est vrai, si on veut aller au théâtre, manger quelque chose pour ne pas arriver l'estomac vide, faire garder les enfants, une soirée, ça revient cher.
F : Et puis, à la maison, on a la télé, on peut louer un DVD et le regarder en famille.
H1 : Oui, mais c'est pas pareil, quand même. C'est bien de sortir, de voir du monde. Et puis le cinéma, c'est pas tellement cher.
F : C'est plus facile pour toi, comme tu es encore célibataire. Mais tu verras, quand tu seras en famille, ça devient si compliqué d'aller quelque part le soir qu'on est bien content de rester à la maison.

leçon 15, Oral, page 109

GRAMMAIRE

3. a. Je ne sais pas ce qui se passe. Cela m'inquiète. → Cela

m'inquiète de ne pas savoir ce qui se passe. b. Je ne peux pas vous aider. Je regrette. c. Elle ne voit personne. Elle a pris la décision. d. Il ne viendra pas. Il est sûr. e. Elle n'oubliera plus. Elle promet. f. Nous n'entendons rien. Nous sommes inquiets. g. Tu ne prêtes plus tes affaires ? Tu as décidé.

PRONONCEZ

1. a. Tu n'as pas l'heure ? b. Ce n'est pas juste ! c. Je ne peux pas venir samedi. d. Je ne te demande rien. e. Tu ne peux pas me dire quand ? f. Tu écoutes ce que je te dis ?

Delf • Cadre européen, page 113

L'interview d'un champion.

JOURNALISTE : *François Duri, comment avez-vous découvert que vous étiez doué pour le cyclisme ?*

FRANÇOIS DURI : Quand j'étais jeune, le week-end, je livrais des pizzas à vélo. Un jour, j'ai vu passer des cyclistes qui s'entraînaient. Ils m'ont proposé de faire la course. Ils voulaient sans doute me ridiculiser. Contre toute attente, c'est moi qui ai gagné. C'est comme ça que j'ai découvert que j'étais bon. Je n'aurais jamais pensé ça. On voit le rôle du hasard dans une vocation. Les jeunes ne doivent pas hésiter à essayer
différents sports afin de trouver ce qui leur convient, et c'est vrai dans tous les domaines, en fait, pour les loisirs, les études...

JOURNALISTE : *Selon vous, quelle qualité faut-il avoir pour réussir dans votre spécialité ?*

FRANÇOIS DURI : Je dirais, pour le physique, l'endurance, car c'est un sport épuisant, et pour le mental, la discipline, car il faut avoir une vie saine et se concentrer sur son but : gagner.

évaluation, page 117
COMPRÉHENSION ORALE

Bonjour à tous.

Comme chaque semaine, nous allons faire le point sur les activités proposées dans ce centre de vacances pour adolescents, dont je suis le directeur.

Si vous aimez la randonnée, Philippe en organise une qui est superbe : elle dure 3 jours. Vous traverserez des collines, des forêts, vous dormirez sous la tente près d'un lac.

Si j'étais à votre place, je ne la raterais pas !

Si vous préférez vous exprimer sur une scène, l'atelier théâtre peut encore vous accueillir. Cette semaine, vous allez jouer et mettre en scène une courte pièce de Jean Tardieu. J'en profite d'ailleurs pour féliciter Valérie, qui s'occupe tellement bien de cette activité qu'elle a réussi à donner envie aux jeunes de participer à un spectacle pour la fin du mois, en présence du maire.

Et pour finir, Gérard s'occupera des activités sportives qui comprendront un tournoi de ping-pong et une descente du fleuve en canoë-kayac.

Je vous dis bravo à tous pour votre participation et je vous donne rendez-vous la semaine prochaine. Continuez de bien vous amuser, intelligemment, bien sûr, et dans la bonne humeur !

CONJUGAISONS

Avoir

auxiliaire

Présent	Imparfait	Passé composé	Futur simple	Conditionnel	Subjonctif
j'ai	j'avais	j'ai eu	j'aurai	j'aurais	que j'aie
tu as	tu avais	tu as eu	tu auras	tu aurais	que tu aies
il a	il avait	il a eu	il aura	il aurait	qu'il ait
nous avons	nous avions	nous avons eu	nous aurons	nous aurions	que nous ayons
vous avez	vous aviez	vous avez eu	vous aurez	vous auriez	que vous ayez
ils ont	ils avaient	ils ont eu	ils auront	ils auraient	qu'ils aient

Être

auxiliaire

Présent	Imparfait	Passé composé	Futur simple	Conditionnel	Subjonctif
je suis	j'étais	j'ai été	je serai	je serais	que je sois
tu es	tu étais	tu as été	tu seras	tu serais	que tu sois
il est	il était	il a été	il sera	il serait	qu'il soit
nous sommes	nous étions	nous avons été	nous serons	nous serions	que nous soyons
vous êtes	vous étiez	vous avez été	vous serez	vous seriez	que vous soyez
ils sont	ils étaient	ils ont été	ils seront	ils seraient	qu'ils soient

Aimer

et tous les verbes réguliers en -er

Présent	Imparfait	Passé composé	Futur simple	Conditionnel	Subjonctif
j'aime	j'aimais	j'ai aimé	j'aimerai	j'aimerais	que j'aime
tu aimes	tu aimais	tu as aimé	tu aimeras	tu aimerais	que tu aimes
il aime	il aimait	il a aimé	il aimera	il aimerait	qu'il aime
nous aimons	nous aimions	nous avons aimé	nous aimerons	nous aimerions	que nous aimions
vous aimez	vous aimiez	vous avez aimé	vous aimerez	vous aimeriez	que vous aimiez
ils aiment	ils aimaient	ils ont aimé	ils aimeront	ils aimeraient	qu'ils aiment

Aller

Présent	Imparfait	Passé composé	Futur simple	Conditionnel	Subjonctif
je vais	j'allais	je suis allé(e)	j'irai	j'irais	que j'aille
tu vas	tu allais	tu es allé(e)	tu iras	tu irais	que tu ailles
il va	il allait	il est allé	il ira	il irait	qu'il aille
nous allons	nous allions	nous sommes allé(e)s	nous irons	nous irions	que nous allions
vous allez	vous alliez	vous êtes allé(e)(s)	vous irez	vous iriez	que vous alliez
ils vont	ils allaient	ils sont allés	ils iront	ils iraient	qu'ils aillent

S'appeler

Présent	Imparfait	Passé composé	Futur simple	Conditionnel	Subjonctif
je m'appelle	je m'appelais	je me suis appelé(e)	je m'appellerai	je m'appellerais	que je m'appelle
tu t'appelles	tu t'appelais	tu t'es appelé(e)	tu t'appelleras	tu t'appellerais	que tu t'appelles
il s'appelle	il s'appelait	il s'est appelé	il s'appellera	il s'appellerait	qu'il s'appelle
nous nous appelons	nous nous appelions	n. n. sommes appelé(e)s	n. n. appellerons	n. n. appellerions	que n. n. appelions
vous vous appelez	vous vous appeliez	v. v. êtes appelé(e)(s)	v. v. appellerez	v. v. appelleriez	que v. v. appeliez
ils s'appellent	ils s'appelaient	ils se sont appelés	ils s'appelleront	ils s'appelleraient	qu'ils s'appellent

Boire

Présent	Imparfait	Passé composé	Futur simple	Conditionnel	Subjonctif
je bois	je buvais	j'ai bu	je boirai	je boirais	que je boive
tu bois	tu buvais	tu as bu	tu boiras	tu boirais	que tu boives
il boit	il buvait	il a bu	il boira	il boirait	qu'il boive
nous buvons	nous buvions	nous avons bu	nous boirons	nous boirions	que nous buvions
vous buvez	vous buviez	vous avez bu	vous boirez	vous boiriez	que vous buviez
ils boivent	ils buvaient	ils ont bu	ils boiront	ils boiraient	qu'ils boivent

Connaître

Présent	Imparfait	Passé composé	Futur simple	Conditionnel	Subjonctif
je connais	je connaissais	j'ai connu	je connaîtrai	je connaîtrais	que je connaisse
tu connais	tu connaissais	tu as connu	tu connaîtras	tu connaîtrais	que tu connaisses
il connaît	il connaissait	il a connu	il connaîtra	il connaîtrait	qu'il connaisse
nous connaissons	nous connaissions	nous avons connu	nous connaîtrons	nous connaîtrions	que nous connaissions
vous connaissez	vous connaissiez	vous avez connu	vous connaîtrez	vous connaîtriez	que vous connaissiez
ils connaissent	ils connaissaient	ils ont connu	ils connaîtront	ils connaîtraient	qu'ils connaissent

Courir

Présent	Imparfait	Passé composé	Futur simple	Conditionnel	Subjonctif
je cours	je courais	j'ai couru	je courrai	je courrais	que je coure
tu cours	tu courais	tu as couru	tu courras	tu courrais	que tu coures
il court	il courait	il a courur	il courra	il courrait	qu'il coure
nous courons	nous courions	nous avons couru	nous courrons	nous courrions	que nous courions
vous courez	vous couriez	vous avez couru	vous courrez	vous courriez	que vous couriez
ils courent	ils couraient	ils ont couru	ils courront	ils courraient	qu'ils courent

Croire

Présent	Imparfait	Passé composé	Futur simple	Conditionnel	Subjonctif
je crois	je croyais	j'ai cru	je croirai	je croirais	que je croie
tu crois	tu croyais	tu as cru	tu croiras	tu croirais	que tu croies
il croit	il croyait	il a cru	il croira	il croirait	qu'il croie
nous croyons	nous croyions	nous avons cru	nous croirons	nous croirions	que nous croyions
vous croyez	vous croyiez	vous avez cru	vous croirez	vous croiriez	que vous croyiez
ils croient	ils croyaient	ils ont cru	ils croiront	ils croiraient	qu'ils croient

Craindre

Présent	Imparfait	Passé composé	Futur simple	Conditionnel	Subjonctif
je crains	je craignais	j'ai craint	je craindrai	je craindrais	que je craigne
tu crains	tu craignais	tu as craint	tu craindras	tu craindrais	que tu craignes
il craint	il craignait	il a craint	il craindra	il craindrait	qu'il craigne
nous craignons	nous craignions	nous avons craint	nous craindrons	nous craindrions	que nous craignions
vous craignez	vous craigniez	vous avez craint	vous craindrez	vous craindriez	que vous craigniez
ils craignent	ils craignaient	ils ont craint	ils craindront	ils craindraient	qu'ils craignent

CONJUGAISONS

Devoir

Présent	Imparfait	Passé composé	Futur simple	Conditionnel	Subjonctif
je dois	je devais	j'ai dû	je devrai	je devrais	que je doive
tu dois	tu devais	tu as dû	tu devras	tu devrais	que tu doives
il doit	il devait	il a dû	il devra	il devrait	qu'il doive
nous devons	nous devions	nous avons dû	nous devrons	nous devrions	que nous devions
vous devez	vous deviez	vous avez dû	vous devrez	vous devriez	que vous deviez
ils doivent	ils devaient	ils ont dû	ils devront	ils devraient	qu'ils doivent

Descendre

Présent	Imparfait	Passé composé	Futur simple	Conditionnel	Subjonctif
je descends	je descendais	je suis descendu(e)	je descendrai	je descendrais	que je descende
tu descends	tu descendais	tu es descendu(e)	tu descendras	tu descendrais	que tu descendes
il descend	il descendait	il est descendu	il descendra	il descendrait	qu'il descende
nous descendons	nous descendions	n. sommes descendu(e)s	nous descendrons	nous descendrions	que nous descendions
vous descendez	vous descendiez	v. êtes descendu(e)(s)	vous descendrez	vous descendriez	que vous descendiez
ils descendent	ils descendaient	ils sont descendus	ils descendront	ils descendraient	qu'ils descendent

Dire

Présent	Imparfait	Passé composé	Futur simple	Conditionnel	Subjonctif
je dis	je disais	j'ai dit	je dirai	je dirais	que je dise
tu dis	tu disais	tu as dit	tu diras	tu dirais	que tu dises
il dit	il disait	il a dit	il dira	il dirait	qu'il dise
nous disons	nous disions	nous avons dit	nous dirons	nous dirions	que nous disions
vous dites	vous disiez	vous avez dit	vous direz	vous diriez	que vous disiez
ils disent	ils disaient	ils ont dit	ils diront	ils diraient	qu'ils disent

Écrire

Présent	Imparfait	Passé composé	Futur simple	Conditionnel	Subjonctif
j'écris	j'écrivais	j'ai écrit	j'écrirai	j'écrirais	que j'écrive
tu écris	tu écrivais	tu as écrit	tu écriras	tu écrirais	que tu écrives
il écrit	il écrivait	il a écrit	il écrira	il écrirait	qu'il écrive
nous écrivons	nous écrivions	nous avons écrit	nous écrirons	nous écririons	que nous écrivions
vous écrivez	vous écriviez	vous avez écrit	vous écrirez	vous écririez	que vous écriviez
ils écrivent	ils écrivaient	ils ont écrit	ils écriront	ils écriraient	qu'ils écrivent

Éteindre

peindre

Présent	Imparfait	Passé composé	Futur simple	Conditionnel	Subjonctif
j'éteins	j'éteignais	j'ai éteint	j'éteindrai	j'éteindrais	que j'éteigne
tu éteins	tu éteignais	tu as éteint	tu éteindras	tu éteindrais	que tu éteignes
il éteint	il éteignait	il a éteint	il éteindra	il éteindrait	qu'il éteigne
nous éteignons	nous éteignions	nous avons éteint	nous éteindrons	nous éteindrions	que nous éteignions
vous éteignez	vous éteigniez	vous avez éteint	vous éteindrez	vous éteindriez	que vous éteigniez
ils éteignent	ils éteignaient	ils ont éteint	ils éteindront	ils éteindraient	qu'ils éteignent

Faire

Présent	Imparfait	Passé composé	Futur simple	Conditionnel	Subjonctif
je fais	je faisais	j'ai fait	je ferai	je ferais	que je fasse
tu fais	tu faisais	tu as fait	tu feras	tu ferais	que tu fasses
il fait	il faisait	il a fait	il fera	il ferait	qu'il fasse
nous faisons	nous faisions	nous avons fait	nous ferons	nous ferions	que nous fassions
vous faites	vous faisiez	vous avez fait	vous ferez	vous feriez	que vous fassiez
ils font	ils faisaient	ils ont fait	ils feront	ils feraient	qu'ils fassent

Falloir

Présent	Imparfait	Passé composé	Futur simple	Conditionnel	Subjonctif
il faut	il fallait	il a fallu	il faudra	il faudrait	qu'il faille

Finir

applaudir, atterrir, choisir, grossir, réfléchir, réussir

Présent	Imparfait	Passé composé	Futur simple	Conditionnel	Subjonctif
je finis	je finissais	j'ai fini	je finirai	je finirais	que je finisse
tu finis	tu finissais	tu as fini	tu finiras	tu finirais	que tu finisses
il finit	il finissait	il a fini	il finira	il finirait	qu'il finisse
nous finissons	nous finissions	nous avons fini	nous finirons	nous finirions	que nous finissions
vous finissez	vous finissiez	vous avez fini	vous finirez	vous finiriez	que vous finissiez
ils finissent	ils finissaient	ils ont fini	ils finiront	ils finiraient	qu'ils finissent

Mettre

permettre, promettre

Présent	Imparfait	Passé composé	Futur simple	Conditionnel	Subjonctif
je mets	je mettais	j'ai mis	je mettrai	je mettrais	que je mette
tu mets	tu mettais	tu as mis	tu mettras	tu mettrais	que tu mettes
il met	il mettait	il a mis	il mettra	il mettrait	qu'il mette
nous mettons	nous mettions	nous avons mis	nous mettrons	nous mettrions	que nous mettions
vous mettez	vous mettiez	vous avez mis	vous mettrez	vous mettriez	que vous mettiez
ils mettent	ils mettaient	ils ont mis	ils mettront	ils mettraient	qu'ils mettent

Partir

sortir

Présent	Imparfait	Passé composé	Futur simple	Conditionnel	Subjonctif
je pars	je partais	je suis parti(e)	je partirai	je partirais	que je parte
tu pars	tu partais	tu es parti(e)	tu partiras	tu partirais	que tu partes
il part	il partait	il est parti	il partira	il partirait	qu'il parte
nous partons	nous partions	n. sommes parti(e)s	nous partirons	nous partirions	que nous partions
vous partez	vous partiez	v. êtes parti(e)(s)	vous partirez	vous partiriez	que vous partiez
ils partent	ils partaient	ils sont partis	ils partiront	ils partiraient	qu'ils partent

CONJUGAISONS

Pleuvoir

Présent	Imparfait	Passé composé	Futur simple	Conditionnel	Subjonctif
il pleut	il pleuvait	il a plu	il pleuvra	il pleuvrait	qu'il pleuve

Pouvoir

Présent	Imparfait	Passé composé	Futur simple	Conditionnel	Subjonctif
je peux	je pouvais	j'ai pu	je pourrai	je pourrais	que je puisse
tu peux	tu pouvais	tu as pu	tu pourras	tu pourrais	que tu puisses
il peut	il pouvait	il a pu	il pourra	il pourrait	qu'il puisse
nous pouvons	nous pouvions	nous avons pu	nous pourrons	nous pourrions	que nous puissions
vous pouvez	vous pouviez	vous avez pu	vous pourrez	vous pourriez	que vous puissiez
ils peuvent	ils pouvaient	ils ont pu	ils pourront	ils pourraient	qu'ils puissent

Prendre

apprendre, comprendre

Présent	Imparfait	Passé composé	Futur simple	Conditionnel	Subjonctif
je prends	je prenais	j'ai pris	je prendrai	je prendrais	que je prenne
tu prends	tu prenais	tu as pris	tu prendras	tu prendrais	que tu prennes
il prend	il prenait	il a pris	il prendra	il prendrait	qu'il prenne
nous prenons	nous prenions	nous avons pris	nous prendrons	nous prendrions	que nous prenions
vous prenez	vous preniez	vous avez pris	vous prendrez	vous prendriez	que vous preniez
ils prennent	ils prenaient	ils ont pris	ils prendront	ils prendraient	qu'ils prennent

Recevoir

Présent	Imparfait	Passé composé	Futur simple	Conditionnel	Subjonctif
je reçois	je recevais	j'ai reçu	je recevrai	je recevrais	que je reçoive
tu reçois	tu recevais	tu as reçu	tu recevras	tu recevrais	que tu reçoives
il reçoit	il recevait	il a reçu	il recevra	il recevrait	qu'il reçoive
nous recevons	nous recevions	nous avons reçu	nous recevrons	nous recevrions	que nous recevions
vous recevez	vous receviez	vous avez reçu	vous recevrez	vous recevriez	que vous receviez
ils reçoivent	ils recevaient	ils ont reçu	ils recevront	ils recevraient	qu'ils reçoivent

S'asseoir

Présent	Imparfait	Passé composé	Futur simple	Conditionnel	Subjonctif
je m'assieds	je m'asseyais	je me suis assis(e)	je m'assiérai	je m'assiérais	que je m'asseye
tu t'assieds	tu t'asseyais	tu t'es assis(e)	tu t'assiéras	tu t'assiérais	que tu t'asseyes
il s'assied	il s'asseyait	il s'est assis	il s'assiéra	il s'assiérait	qu'il s'asseye
n. n. asseyons	n. n. asseyions	n. n. sommes assis(es)	n. n. assiérons	n. n. assiérions	que n. n. asseyions
v. v. asseyez	v. v. asseyiez	v. v. êtes assis(e)(s)	v. v. assiérez	v. v. assiériez	que vous vous asseyiez
ils s'asseyent	ils s'asseyaient	ils se sont assis	ils s'assiéront	ils s'assiéraient	qu'ils s'asseyent

« S'asseoir » a une autre conjugaison (peu usitée au pluriel) :
je m'assois, tu t'assois, il s'assoit, nous nous assoyons, vous vous assoyez, ils s'assoient.

Savoir

Présent	Imparfait	Passé composé	Futur simple	Conditionnel	Subjonctif
je sais	je savais	j'ai su	je saurai	je saurais	que je sache
tu sais	tu savais	tu as su	tu sauras	tu saurais	que tu saches
il sait	il savait	il a su	il saura	il saurait	qu'il sache
nous savons	nous savions	nous avons su	nous saurons	nous saurions	que nous sachions
vous savez	vous saviez	vous avez su	vous saurez	vous sauriez	que vous sachiez
ils savent	ils savaient	ils ont su	ils sauront	ils sauraient	qu'ils sachent

Voir

Présent	Imparfait	Passé composé	Futur simple	Conditionnel	Subjonctif
je vois	je voyais	j'ai vu	je verrai	je verrais	que je voie
tu vois	tu voyais	tu as vu	tu verras	tu verrais	que tu voies
il voit	il voyait	il a vu	il verra	il verrait	qu'il voie
nous voyons	nous voyions	nous avons vu	nous verrons	nous verrions	que nous voyions
vous voyez	vous voyiez	vous avez vu	vous verrez	vous verriez	que vous voyiez
ils voient	ils voyaient	ils ont vu	ils verront	ils verraient	qu'ils voient

Vouloir

Présent	Imparfait	Passé composé	Futur simple	Conditionnel	Subjonctif
je veux	je voulais	j'ai voulu	je voudrai	je voudrais	que je veuille
tu veux	tu voulais	tu as voulu	tu voudras	tu voudrais	que tu veuilles
il veut	il voulait	il a voulu	il voudra	il voudrait	qu'il veuille
nous voulons	nous voulions	nous avons voulu	nous voudrons	nous voudrions	que nous voulions
vous voulez	vous vouliez	vous avez voulu	vous voudrez	vous voudriez	que vous vouliez
ils veulent	ils voulaient	ils ont voulu	ils voudront	ils voudraient	qu'ils veuillent

N° d'éditeur : 1019070 - CGI - février 2004
Imprimé en France par IME